布克加
BOOK+

成就作者代表作
让阅读更有价值

蝶变

数字商业进化之道

杨学成 ◎ 著

北京联合出版公司
Beijing United Publishing Co.,Ltd.

图书在版编目（CIP）数据

蝶变：数字商业进化之道 / 杨学成著. -- 北京：北京联合出版公司，2020.7
ISBN 978-7-5596-4131-1

Ⅰ.①蝶… Ⅱ.①杨… Ⅲ.①互联网络—商业模式—研究 Ⅳ.①F713.36

中国版本图书馆CIP数据核字（2020）第055532号

Copyright © 2020 by Beijing United Publishing Co., Ltd.
All rights reserved.
本作品版权由北京联合出版有限责任公司所有

蝶变：数字商业进化之道

作　　者：杨学成
选题策划：布克加BOOK+
策划编辑：王留全　余燕龙
责任编辑：云　逸
封面设计：卓义云天
内文排版：刘永坤

北京联合出版公司出版
（北京市西城区德外大街83号楼9层　100088）
北京联合天畅文化传播公司发行
北京华联印刷有限公司印刷　新华书店经销
字数145千字　880毫米×1230毫米　1/32　8印张
2020年7月第1版　2020年7月第1次印刷
ISBN 978-7-5596-4131-1
定价：58.00元

版权所有，侵权必究
未经许可，不得以任何方式复制或抄袭本书部分或全部内容
本书若有质量问题，请与本公司图书销售中心联系调换。电话：（010）64258472-800

目 录

序 章 　　　　　　　　　　　　001
　一 　　　　　　　　　　　　001
　二 　　　　　　　　　　　　007
　三 　　　　　　　　　　　　017

第一部分　数字经济浪潮　　019

第一章　数联网　　　　　　021
　1.0阶段：只读互联网　　　　023
　2.0阶段：可读写的互联网　　036
　3.0阶段：移动互联网　　　　045
　4.0阶段：万物互联　　　　　053

第二章　智联网　　　　　　　　061

运算智能　　　　　　　　062

感知智能　　　　　　　　067

认知智能　　　　　　　　082

自动驾驶　　　　　　　　091

第三章　信联网　　　　　　　　097

数字现金　　　　　　　　099

区块链技术　　　　　　　102

蝶变链　　　　　　　　　114

区块链经济　　　　　　　120

数权社会　　　　　　　　128

第二部分　数字商业进化的四种路径　131

第四章　升　维　　　　　　　　133

维度困境　　　　　　　　134

维度空间　　　　　　　　136

升维进化　　　　　　　　139

运营"伤"　　　　　　　162

第五章 变 道 165
  补贴大战铺就出行赛道 166
  滴滴野蛮变道 177
  跨界互搏 181

第六章 刷 新 183
  暗潮汹涌 184
  一股清流 191
  从一粒米到一碗粥 202
  一锅八宝粥 207

第七章 深 潜 212
  商业蛟龙 214
  智能深潜 217
  深海物种 234

终 章 当下的未来 239
后 记 246

序　章

一

1932年3月14日，柯达（Kodak）创始人乔治·伊士曼（George Eastman）在家中开枪自杀，结束了自己77岁的生命。他临终前留下一张纸条，上面写着"我的工作完成了"。

当时的伊士曼先生绝对想不到以后的柯达公司会给世界带来如此巨大的变化，更想不到数字化浪潮来袭之时，曾经的黄色巨人会面临破产保护的尴尬境地，以致需要变卖核心资产才得以苟延残喘。

从1878年看到成像业的广阔未来，到发明摄影干版，再到推出胶卷和口袋照相机，乔治·伊士曼成功将摄影引入大众市场，演绎了一段不朽的"商业传奇"。

照相机并不是伊士曼发明的，但他是照相机的早期用户，并且是最早看到老式照相机的弊端并予以改进的人。彼时的摄影需要一整套庞大的设备，包括照相机、三脚架、显像设备和暗室。照相机比现在的一台微波炉还大，需要架在三脚架上才能稳定工作。更加麻烦的是显像过程，由于当时采用的是"湿版技术"，需要摄影师在玻璃片上涂抹照相乳胶，再将涂有乳胶的玻璃片曝光，然后在乳胶未干之前冲洗曝光板。整个过程还要求在暗室里操作，否则一旦发生漏光，照片就模糊一片了。野外摄影师还必须随身携带用来搭建暗室的帐篷。

林林总总的设备和各种化学药水，加上极度烦琐的操作步骤，让摄影这件事情成了极少数受过专业训练的人才能胜任的工作。伊士曼显然不想成为这极少数人中的一员，他思考的问题是，如何让照相技术大众化。

对这个问题的思考和解答，伊士曼大致的逻辑是这样的：摄影复杂的原因主要在于"摄影与显像必须同步进行"，所以摄影师只能在涂抹乳胶到乳胶干掉这段时间内完成曝光和冲洗；因此，关键问题就在于乳胶，它为整个摄影过程设定了时间限制。接下来的问题是，有没有一种办法，或者有没有一种乳胶，即便干了后也能显像呢？如果有，那么时间限制问题就被解锁了，摄影和显像就可以分开。

受到英国一名摄影师的启发，伊士曼开始制作一种干乳胶。顾名思义，干乳胶在干燥之后仍能保持感光性，并方便曝光和冲洗。1878年，伊士曼发明了一种涂有一层干乳胶的胶片，用来替代玻璃，这样就可以将干乳胶直接涂在胶片上了，这就是干片。有了干片，还要有能快速生产干片的设备。1879年，伊士曼又发明了乳胶涂覆机，开始批量生产干片，这就是革命性的干版技术。

1883年，伊士曼正式创办伊士曼干版公司，开始制作和销售干版胶片，次年改名为"伊士曼干版与胶卷公司"，开始销售一种全新的照相机。这架相机里会预先装有100张干版胶片，摄影师只管带着相机去拍摄，拍完后把干版胶片送回伊士曼公司冲洗即可。这样一来，摄影和显像就可以异步进行，从而大大降低了摄影行业的进入门槛。

但光有胶卷还远远无法实现伊士曼让摄影大众化的目标，使用胶卷的机器——照相机——才是关键，必须让照相机便携并且廉价，才能增加胶卷的消耗。经过无数次的失败，小型口袋式相机"柯达一号"终于在1888年问世。为了推广这台小型照相机，伊士曼干版与胶卷公司打出了"你只需按下快门，剩下的事情交给我们"这一广告标语。很快，这句动人的广告语连同柯达品牌就变得家喻户晓了。

1892年，伊士曼干版与胶卷公司正式更名为伊士曼柯达公司。三年后，柯达公司推出价格仅为5美元的口袋式照相机，轰动了全世界。在伊士曼举枪自杀之前，柯达公司已经占据全世界摄影器材市场75%的市场份额，攫取了整个市场90%的利润，成就了绝无仅有的霸主地位。

难怪伊士曼先生会说"我的工作完成了"呢。

事实上，伊士曼的离世并没有给柯达的业务拓展带来多少影响，这头黄色巨兽一刻也没有停下前进的脚步。

在伊士曼为柯达建构起"胶卷+相机+冲洗服务"的商业基本型之后，这家公司就进入了迅速的收益递增周期。伊士曼先生就像站在高高的雪坡上，抬起脚把一个雪球给踢了下去，雪球越滚越大，而且越滚越快。相机的普及加速了胶卷的销售，而胶卷的销售又推动了冲洗服务的发展，让柯达冲洗店遍布大街小巷，这回过头来又加速了相机的销售。

所以，从商业逻辑上看，柯达的重点业务不在相机上，而在胶卷和冲洗服务。理论上，柯达完全可以免费赠送相机，以换取用户对付费冲洗照片业务的兴趣，而事实上，柯达也是这么做的。这在柯达内部被称为"卤化银策略"，卤化银是胶卷中的化学成分。这是一种非常强悍的商业模式，类似于吉列的"送剃须刀、卖刀片"、惠普的"送打印机、卖墨盒"，以及互联网公司普遍采用的免费策略——送服务、卖广告。

卤化银商业模式帮助柯达公司实现了从成立到2000年前

后长达100多年的辉煌。从干版到胶卷，从黑白胶卷到彩色胶卷，柯达的三驾马车始终能够发挥威力。尤其是进入彩色胶卷时代，柯达更是牢牢把握住了这一核心技术，让以胶卷为核心的生态体系继续繁荣昌盛。

不同于黑白胶卷，彩色胶卷的生产是一种极其复杂精细的产品工艺。首先，在彩色胶卷的底片上，需要涂覆多达24层复杂的化学物质，包括光敏剂、染料、成色剂和其他以精确厚度迅速沉积的材料。其次，这24层均匀涂覆的化学物质层，每层都要对红蓝绿三原色有光敏感性，且每个涂覆层都只有1微米厚。再次，除了高精度涂层，还需要晶粒形成、功能聚合物、纳米分散体、功能分子、氧化还原控制等非常精确的工艺。最后，制作底片的宽卷必须做到实时更换和连续拼接，涂层薄膜必须在没有光线的黑暗中完成切割和包装。一句话，胶卷行业的进入壁垒相当高。长期以来只有富士胶卷（Fuji Film）和爱克发·吉华（Agfa-Gevaert）这两家公司有实力挑战柯达，但也只限于"挑战"而已，它们在胶卷领域从来都没有真正战胜过柯达。

真正让柯达商业模式的密闭暗室出现裂缝的，是数字技术。前已述及，柯达的商业基本型是相机—胶卷—冲洗服务这三驾马车，并以此构建起了能够自我强化的商业生态。其中，胶卷无论在技术上还是在业务上，都是重中之重。可以说,没有胶卷技术,柯达生态就将不复存在。这种格局之下,相机的技术创新就必须依从于整个生态的繁荣,而不是相反。基于此,1975年在柯达内部诞生的世界上第一台数码相机就成了柯达生态的威胁力量,在柯达内部沦为"蹩脚的业务"也是顺理成章的事情。柯达发现,数码相机不但本身赚不到钱,也不能增加冲洗服务的收入,还对核心的胶卷业务形成了致命威胁。

及至后来,数字技术的迅猛发展逼迫柯达必须要全力以赴向数字化转型的时候,这家公司仍然念念不忘卤化银商业模式,在20世纪90年代后期匆忙安装了10 000个数码照片打印亭,企图复制模拟成像时代的冲洗服务。但很快,用户就很少打印照片了,他们更愿意在互联网平台上分享照片。

全力冲击数码相机的柯达,再也没有重现往日的辉煌。虽然柯达的数码相机在1999年一度占据了美国27%的市场份额,但柯达始终没有通过相机赚钱的打算,仍然把希望寄托于相机后市场。根据哈佛大学的一项研究,2001年,柯达每卖出去一台数码相机,就亏损60美元。同年,柯达收购了照片分享网站Ofoto,但很不幸,柯达继续坚持让人们利用Ofoto打印数码照片,而没有意识到照片分享会是一项全新的业务。到了2003年,拍照手机的全球销量超过数码相机,给了柯达的数字化转型当头一棒。

最终，2012年，亏损严重的柯达不得不申请破产保护。作为破产计划的一部分，柯达在当年的4月以不到2500万美元的价格出售了Ofoto。同年同月，脸书公司（Facebook）以10亿美元的价格收购了照片分享平台照片墙（Instagram）。一个全新的时代拉开了大幕，历史何其讽刺！

柯达是被数字浪潮淹没的第一家百年老店，但绝非最后一家。有关柯达的分析报告可谓汗牛充栋，关于柯达数字化转型的观点也是聚讼纷纭。[1]我在这里提起柯达的这段历史，并不是想要为柯达公司撰写传记，也无意于为柯达公司做出盖棺定论的判断。恰恰相反，这家公司的发展历程足够长久（近140年），其中的商业故事也足够有趣并且完整，完美展示了一家公司因技术变革而商业命运沉浮的全过程。这激起了我对更广泛视野下数字商业进化的诸多思考，以至于我打算用一本书的篇幅来详细讨论数字商业进化这个命题。

二

本书的主题内容基于如下三个假设。

假设一：商业组织是有生命的。你可能觉得这是一句废

---

[1] 张志前：《柯达兴衰启示录》，北京，社会科学文献出版社，2012。

话,但在我看来,大部分组织的失败恰恰就在于忽视了组织是生命体这一根本。从法理上来讲,组织都是"法人实体",是跟自然人相对应的。所以,几百年前,当大英帝国的主政者们为东印度公司这一组织形态颁发许可证的时候,他们就认定了商业组织具备像人一样的生命特征,只不过组织不是自然人,而是一类新的物种——法人。[1]

假设二:组织始终进化。这是假设一的推论。所有生命体都展现出了进化特征。我们每个人的脑海里都有一幅人类进化图:现在的人类是智人的后代,而智人是直立人进化而来的,直立人又是猿人进化来的……总之,生命在于进化。只不过,进化分为大时间尺度下的进化和小时间尺度下的进化,人类整体的进化可以归到前者,而一个人从出生到死亡的旅程可以看作小时间尺度下的进化。组织也是如此,总体上,从手工作坊到合伙企业再到股份制的过程可以视为大时间尺度下的组织进化,而一家公司从创立到倒闭的过程则属于小时间尺度的范畴。理解进化,时间尺度是核心,不同的尺度决定了我们看到的是完全不同的进化场景。本书采用的是小时间尺度,但却不会只聚焦于一家公司的"生老病死",时常会将进化尺度从组织个体放宽到行业整体的范畴。大时间尺

---

[1] [日]浅田实:《东印度公司:巨额商业资本之兴衰》,顾姗姗译,北京,社会科学文献出版社,2016。

度和宏观经济不在本书的讨论范围内。

　　假设三：进化是非线性的。线性意味着规模增长，而非线性通常伴随着质的突变。打个比方，小苹果长成大苹果，这是线性增长；苹果长成橘子，就是非线性的，因为基因突变了，也就是说换种了。需要强调的是，非线性并非没有循环往复，甚至很多时候都会出现周期性轮回的现象。实现循环的可能不是现象本身，而是现象背后的结构或者逻辑。假如苹果进化成了橘子，虽然作为现象的橘子是与苹果不同的，但它仍然符合水果这一基本结构。用混沌理论的术语来说，就是不同的进化阶段遵从了同样的"吸引子"。是的，进化是混沌的。[1]

　　基于以上三个假设，我们很容易做出如下推断：商业组织都是混沌的。商业组织就是在进化中穿越混沌，在混沌中涌现秩序，在秩序下重归混沌，然后又通过进化穿越混沌，这样一个循环往复的过程。

　　这听上去是不是挺难理解？没关系。接下来让我们先简

---

[1] 混沌理论（Chaos Theory）是指一切事物的原始状态，都是一堆看似毫无关联的碎片，但是这种混沌状态结束后，这些无机的碎片会有机地汇集成一个整体。由此，在混沌系统中，初始条件十分微小的变化都有可能对未来状态造成极其巨大的影响，而驱动混沌运动过程的是吸引子，它对事物运行轨迹（或者秩序）具有关键性的决定作用。这段话的观点同时受到美国密歇根大学心理学教授和电子工程及计算机科学教授约翰·霍兰（John Holland）的启发，参见[美]约翰·霍兰：《涌现：从混沌到有序》，陈禹等译，上海，上海世纪出版集团，2006。

述数字商业的基本环境，然后给出数字商业进化的主要路径，就能简单"透视"本书的逻辑结构和中心思想了。

本书主要分为两大部分。第一部分是数字经济浪潮，详细阐述以互联网为代表的数字技术是如何引发全新的数字经济浪潮的，共分为三章。之所以拆分为三章，并非因为这三章的内容相互独立，而是为了内容呈现的方便。我希望读者能够从整体上把握数字技术的深刻影响。几年前，我曾把影响未来的数字技术归纳为一个单词：BASIC，可以形象地称之为数字"原力（basic forces）"。这个单词包含了五个字母，每个字母都代表重要的数字技术。其中，B这个字母代表两项重要的数字技术——大数据（Big Data）和区块链（Block Chain）；A这个字母代表人工智能（Artificial Intelligence，AI）；S代表的是网络安全（Network Security）；I是指物联网（Internet of Things，IoT）；最后一个字母C指的是云计算（Cloud Computing）。这五个字母代表的六项数字技术相互交叉影响，共同推动了人类社会向数字世界的迈进。我希望读者在阅读第一章到第三章的内容时，能够始终将数字原力印在脑海中。

第一章的主题是"数联网"。追述了从万维网诞生（1989年）直到现在这30多年历程中，不同阶段互联网发展对传统业态的重塑。我划分了四个阶段来讨论，分别阐述了1.0阶段互联网对传统广告业的重塑，2.0阶段对内容产业和制造业的改造，3.0阶段本地生活服务业的数字化崛起，以及4.0阶段万物互联即将对全社会的重构。这一章贯穿的主线是数据和数据联网，所以定名为"数联网"。

第二章的主题是"智联网"。阐述的是因人工智能技术而生发出的智能经济新形态，从运算智能、感知智能、认知智能这三个等级的技术发展所带来的不同智能资源的角度，讨论了智能商业的全新样貌，尤其是综合利用了三个等级的智能资源的自动驾驶将会给我们的经济社会带来的深刻改变。

第三章的主题是"信联网"。重点讨论区块链技术如何赋能经济社会创新。这项出现不久的年轻技术实则具有更为深远的思想理念基础，对经济社会最大的作用是赋信——赋予主体数字信用。当然，区块链在中国的落地应用具有非常鲜明的中国特色，未来是否能够发挥出真正的价值，还有待进一步观察。无论如何，不能降低市场交易成本的数字技术在经济上都是没有意义的。在厘清了基本原理的基础上，关于区块链的商业应用前景，重点分享了我本人深度参与、提供想法和建议的一个实践案例——糖链。

本书的第二部分给出了数字商业进化的四条路径。基于我每年对上百家数字先锋公司的密切接触和近场观察，我将数字商业进化的路径归纳为四条：升维、变道、刷新和深潜。升维是商业模式纵向进阶，变道是商业模式横向拓展，刷新是商业结构水平复制,深潜是技术创新纵深制胜。说得形象一点儿,就是上(升维)、下(深潜)、左(变道)、右(刷新)。

　　第四章讨论升维。打个比方来简单说明,升维好比是这样一个场景:你本来在一条路上徒步前行,走着走着你就得到了一辆自行车,当你骑着自行车在这条路上前进的时候,效率显然比徒步时提升了一个量级,但骑自行车所需要的能力也比徒步高出一个量级。更重要的是,自行车的出现对生态配套提出了更高的要求,得有自行车的设计、生产、销售、维修、零部件供应商等机构配合才行,这意味着生态复杂度也随之提升了一个量级。

　　假如你骑着自行车前行的时候,又得到一辆汽车,那么,你开着汽车在这条路上前行的效率又比骑自行车要高出一个量级。但显然,汽车所需要的能力也比自行车高出一个量级,自行车自学就会,驾驶汽车却必须参加正规考核取得权威机构颁发的驾驶证才行。当然,汽车的生态配套比自行车复杂多了,除了设计、生产、销售、维修的各个环节都更加复杂,汽车还对道路提出了更高的要求。此外,保险在这个阶段就是必需的了,而在自行车时代却可有可无。

　　沿着这条升维路线,你还可以自行想象飞机的出现又会怎样改变商业生态。总之,升维概括的是商业模式纵向进阶,它趋向于更加复杂也更难驾驭的生态体系。需要指出的是,升维的源动力往往来自于技术革新，企业的商业模式将外部的技术演进内化以后，升维通常就会发生。这一点我们在后续的章节中还会进一步论述。

第五章讨论变道。变道不改变商业模式的结构，但会扩展商业模式的适用场景。打个比方来说，你本来开着车在这条路上行走，开着开着，一打转向灯就开到了另外一条路上。车还是原来的车，但路不再是原来的路了，这就是变道。车隐喻了商业模式，而不同的路就是不一样的应用场景。所以，变道不是商业模式的自我升维，而是既有商业模式势能的跨赛道释放。变道体现的往往不是将外部技术变革内化，恰恰相反，它是内部商业力量的对外释放。

变道进化表现出更强的跨界侵略性，通常是对新进入场景中既有物种的降维打击。正如你开着汽车闯进了自行车的队伍，那些蹬着自行车的人只能眼睁睁看着你的汽车绝尘而去，再怎么用力蹬都抵不上你轻轻一脚油门。更加要命的是，商业模式在变道进化的时候，都不会给你打转向灯提示，它会一脚跨进来，然后将整条路都给堵死，让你连蹬自行车的机会都没有了。

变道的源动力来自商业势能，而商业势能在很多时候表现为用户规模，所以变道进化的组织一般在既有赛道上积累了足够庞大的用户数。换言之，一旦积累起庞大的用户数，那么组织进行变道进化的窗口期就打开了。

升维是纵向进化，变道是横向拓展。这两条进化路径可以用来解释大量的商业变革实例，还能帮助我们进一步预测某个组织的下一步进化机会。应该说，大部分数字先锋企业是升维或者变道的产物，当然，也可能是既升维又变道的产物。

就像阿里巴巴，早期是中外贸易平台，一变道就变出了淘宝网，淘宝所秉持的商业结构没有发生变化，但场景实现了扩展，由外贸平台扩展到了"内贸平台"。再之后，淘宝网又变道出了天猫，商业结构没变，但消费场景进一步拓展了，天猫将阿里巴巴的用户引向了更加高端的消费赛道。

有了淘宝之后，阿里巴巴发现当时中国的信用环境很难顺畅进行线上交易，突出表现在卖家害怕发了货收不到款，而买家则担心付了钱收不到货。由此，买卖双方需要一个第三方信用担保机构，支付宝应运而生。有了支付宝以后，大量的交易借助支付宝进行信用中介，这就产生了兑付时间差，总有很多钱是买家付给了支付宝，但支付宝还没有付给卖家的。支付宝很自然地具有了金融属性，一路升维出了如今的蚂蚁金服。

解决了信用担保问题之后，挡在"让天下没有难做的生意"这一目标面前的另一大障碍就是物流。为了解决物流问题，阿里巴巴又升维进化出了菜鸟网络，以数据技术整合现有物流设施来为阿里巴巴生态提供便捷的物流服务。接下来，支付和物流的数据化引发了淘宝店的数字化转型，尤其是随着越来越多的淘宝原生店铺的出现，云服务变得不可或缺，阿里巴巴趁势升维出了阿里云。

如今，阿里巴巴已经成长为庞大的数字经济体，位居中国互联网公司头把交椅，是世界上最大的10家互联网公司之一，每天为国家产生的个人所得税高达1.45亿元人民币，生态年收入超过阿根廷国内生产总值。究其根本，是升维和变道的商业进化使然。

第六章讨论刷新。如果说变道是把汽车开到另一条道路上的话，那么刷新就是把人行道改造为车道，以使传统道路的运行效率大幅度提升。所以，刷新不是把自己的车开到别人的道上，而是修好了道，让别人的车来开。这种做法是数字商业结构在传统经济中的复制型改造，其要害是不改变结构本身，但刷新之后呈现出不一样的内容。就像我们上网的时候点击浏览器的刷新按钮一样，网站的结构没有因此而改变，甚至很多过去的内容予以保留，但却同时呈现出了之前不曾有过的全新内容。这一部分的主题借鉴了微软现任CEO萨提亚·纳德拉（Satya Nadella）在《刷新：重新发现商业与未来》一书中提出的理念[1]，但本书刷新了纳德拉的刷新理念，

---

1 [美]萨提亚·纳德拉:《刷新：重新发现商业与未来》，陈召强、杨洋译，北京，中信出版社，2018。

用于解释更广泛的数字商业进化之道。这一章内容将重点讨论中国手机产业的刷新之路，主角是小米公司。

第七章讨论深潜。深潜相当于通过挺进纵深的技术创新来重塑整个商业生态的玩法，既改变了车，也重新修筑了道路。这是最难的一条进化路径，也是最考验数字企业实力和生存能力的一条路径。甚至面对当前的全球化局势，数字企业未来的发展将不得不学会深潜，不得不学会在黑暗、高压、低温、高盐的环境下生存。在这一章中，我们将详细讨论华为公司在人工智能领域的深潜布局。这家公司的极限生存能力值得每个数字先锋学习，而未来在中国大地上，必将出现越来越多像华为这样的"深海生物"。

数字商业的进化是一场冒险但又必需的旅程，无论升维、变道，还是刷新、深潜，企业都会经历脱胎换骨式的商业价值重构和组织蜕变。这个过程恰如蛹羽化蜕去丑陋无用的茧壳，变成轻盈美丽的蝴蝶，是破茧成蝶的质变过程。引申到商业上，每一轮技术变革在孕育出新兴业态的同时，也会束缚人们的认知。等到下一代新技术来临的时候，旧技术所产生的认知茧壳就必须予以打破，才能迎来新时代的曙光。我在2015年1月出版的《蝶变：解密社会化时代的产业变革与重构逻辑》（以下称为《蝶变Ⅰ》）中指出，在互联网充分普及的社会化时代，传统产业将沿着链接、互动、解构、共创

文化

宣华录：花蕊夫人宫词中的晚唐五代

作者：苏泓月
书号：978-7-5596-1719-4
定价：128.00 元 (精)

- 第十二届文津图书奖、2016 中国好书奖得主苏泓月全新力作。以 98 篇词清句丽、融合考古训诂的精致小文，近 300 幅全彩文物图片，重现五代前蜀花蕊夫人笔下的宫苑胜景。

文化

李叔同

作者：苏泓月
书号：978-7-5502-9328-1
定价：68.00 元 (精)

- 作家苏泓月以洗练的文字、诗意的笔法、翔实的史料，以及对真实人性的洞悉和悲悯，生动地刻画出李叔同从风流才子到一代名僧的悲欣传奇。

文化

书法没有秘密

作者：寇克让
书号：978-7-5596-1024-9
定价：98.00 元 (精)

- 如果你想入门书法，想聆听前辈书家的习字心得，想了解书史长河中的流派演变和熠熠群星，甚至是想选择最适合自己的笔墨纸砚，本书都能提供给你想要的答案。

文化

胡同的故事

作者：冰心 季羡林 汪曾祺 等
书号：978-7-5596-1339-4
定价：60.00 元 (精)

- 冰心、季羡林、史铁生、汪曾祺、舒乙、毕淑敏……
- 46 位名家，46 种视角下的胡同生活。
- 展现不同视角的北京胡同生活。

文化

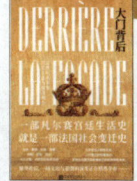

大门背后：18世纪凡尔赛宫廷生活与权力舞台

作者：[美] 威廉·里奇·牛顿
译者：曹帅
书号：978-7-5596-1723-1
定价：56.00 元 (精)

- 一部凡尔赛宫廷生活史，就是一部法国社会变迁史。
- 繁华背后，一场文化与思想的演变正在悄然孕育。

文化

和食：日本文化的另一种形态

作者：徐静波
书号：978-7-5502-9834-7
定价：88.00 元 (精)

- 尊重自然，体现材料的真味；饮食为媒，以"和食"观"和魂"。
- 严谨的文献依据结合考古成果与亲身经历，深刻而不晦涩，生动而不枯燥。

的基本路径完成从工业化时代向互联网时代的迈进。这当中，产业的价值创生方式会从价值链变身为价值矩阵，并最终演变成柔性价值网。[1]每一程的蝶变都会带来商业模式的重构，那些过去习以为常的经营模式和策略瞬间失效，只有完成极其复杂的形态变换才能迎来全新的发展空间。一句话，蝶变是组织价值创造方式的质变。

作为《蝶变Ⅰ》的思想延续，本书的重点放在了最近五年我密切跟踪研究的数字商业上。所谓数字商业，是指那些已经航行在数字浪潮里的商业形态，其主要的价值创造方式是由数字技术驱动的。由此，我会在书中的第一部分阐述这些数字商业是因何而来的，而在第二部分中详细讨论航行在数字浪潮里的诸多先锋企业，呈现它们升维、变道、刷新、深潜的故事，以启发更多的后来者决战数字浪潮之巅。

三

我写这本书的目的并不是想要提供给我的读者一份"商业秘方"，也无意于判断某些商业实践的好坏。别忘了，商业是有生命的，而生命是在进化的，进化是非线性的，所以也是

---

1 杨学成：《蝶变：解密社会化时代的产业变革与重构逻辑》，北京，经济管理出版社，2015。

混沌的。就像我们明明知道墨西哥的蝴蝶扇动一下翅膀就可能在纽约引起一场风暴，但却无法知晓墨西哥的蝴蝶怎样扇动翅膀才能在纽约引起一场风暴一样，商业成败的因果逻辑向来都是混沌的，所有抽丝剥茧式的因果探寻，只会落得竹篮打水一场空。

我特别崇尚《管理百年》一书作者斯图尔特·克雷纳（Stuart Crainer）的观点——在管理领域，问题永远多于答案。所有采用约简方式归纳提炼出来的所谓商业成功法则都无异于妄想用玻璃瓶子收集闪电。对待商业实践，我们唯一能够做的，就是不停地追问。[1]

基于此，本书的价值就在于尽可能通过呈现数字先锋的蝶变历程来启发读者思考，进而反思和追问自己的商业实践。我想提供给大家的，无非是一些商业故事和软思想，而尽可能回避硬道理。因为，这才是我认为商业该有的样子。

---

[1] [英]斯图尔特·克雷纳：《管理百年：20世纪管理思想与实践的批判性回顾》，邱琼等译，海口，海南出版社，2003。

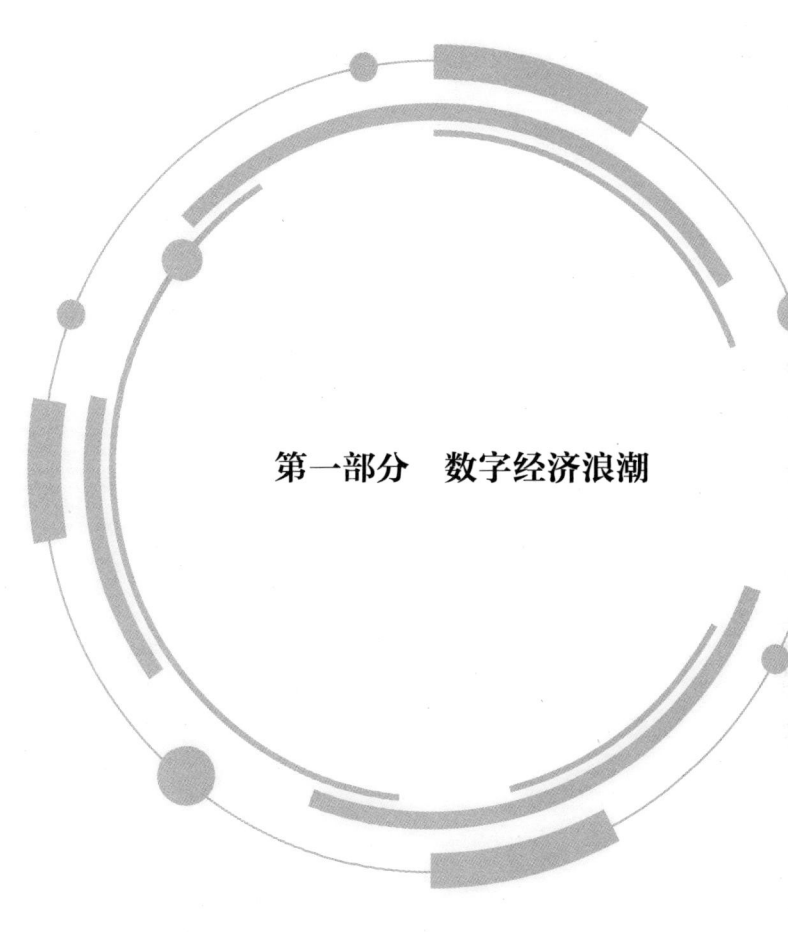

第一部分　数字经济浪潮

第一章　数联网

毋庸置疑，我们正处在数字技术深刻改变一切的时代。计算机的发明和普及让数据这一全新的生产要素得以诞生，互联网继而又让数据以光速传播和使用。再往后就是大数据技术和人工智能的崛起，当然，还有区块链。

数据正在淹没全世界。人类最近两年产生的数据量占到了人类社会数据总量的50%，而最近几年产生的数据量达到了人类有史以来数据总量的90%。根据《经济学人》（*The Economist*）披露的数据，伴随着摩尔定律的深入，计算机的价格迅速降低。相比20世纪70年代第一批微处理器投入商业使用的价格，今天计算机的价格大约是那时的一亿分之一。计算机是贬值最快的商品。1956年，一兆字节数据的存储成本约为9200美元,按现在的价格计算为85 000美元,而现在一兆字节的存储成本仅为0.000 02美元。这意味着,与数据相关的运营成本大幅度降低了。据斯坦福大学的乔纳森·库米(Jonathan Koomey)估计,从1950年到2010年,一度电可以完成的数字计算量大约增长了1000亿倍。[1]

数据的渗透完全重塑了整个商业大环境,引发了一波又一波的产业变革和商业模式进化,数字经济蔚然成风。就拿中国来说,目前数字经济在GDP当中的占比超过了三分之一,要不了多久就会达到一半,甚至很可能未来所有的GDP都会是"数字GDP"。[2]

那么,数字经济是如何进化而来的呢?本章我们要稍微放大时间尺度,简略追溯从1989年万维网(WWW)出现至今,那些被互联网为代表的数字技术重塑的产业。这个时间跨度大约有31年,总共分为四个阶段,每个阶段都有不同的产业完成了或正在进行数字化蝶变。[3]

---

[1] Tim Cross: Chips with everything, *The Economist*, October, 2019.
[2] 参见腾讯研究院发布的《数字中国指数报告(2019)》。
[3] 虽然1969年美国就调通了阿帕网(ARPANET),但接下来的20年,互联网主要完成了物理网络的互联互通。直到1989年,英国的计算机科学家蒂姆·博纳斯-李(Tim Berners-Lee)爵士发明万维网之后,基于互联网的商业应用才真正开始,因此本书讨论自万维网出现之后的数字商业。

1.0阶段：只读互联网

这个阶段在时间上大致发生在1989~2001年，主导这个阶段的互联网是只能够"读"、不能够"写"的互联网，所以我们称作"只读互联网"。

美国在线与瀛海威时空：先驱还是先烈

早期的互联网公司，在互联网诞生地美国最为著名的是美国在线（AOL）。在创始人史蒂夫·凯斯（Steve Case）的带领下，只有120名员工的美国在线于1992年正式在纽约证券交易所上市，募集了6600万美元，一时间引起了全球轰动，被视为早期互联网公司成功的典范。在凯斯的心目中，美国在线要成为像微软和苹果那样的大公司。在中国，最早的互联网公司是瀛海威时空，成立于1995年5月。这家公司向我们中国老百姓科普了互联网的基本概念，创始人张树新被誉为中国"第一代织网人"。当年的瀛海威时空，在北京的中关村南大门零公里处竖立了一块非常大的广告牌，上面写着：中国人离信息高速公路有多远——向北1500米。这被视为中国开始普及互联网应用的里程碑事件。

虽然美国在线和瀛海威时空这两家早期互联网公司在各自的国家都非常有名，但它们都没有走很远。美国在线在经历了与时代华纳（Time Warner）的分分合合之后，很快走向了平庸。瀛海威时空则从成立之日起就伴随着各种内部和外部问题，最后在内外交困下于2004年宣布倒闭。先驱变成了先烈。

研究这两家公司的案例，可以看出早期互联网公司在面对互联网这项新技术时的挣扎。按照我在序章中指出的，升维进化的一个底层驱动力是将外部技术变革内化为组织的商业模式。换言之，只有为一项新技术找到可以持续赚钱的方式，这项新技术才能催生出产业。否则，技术就永远只是技术。不管是美国在线，还是瀛海威时空，都没有为互联网这项新技术塑造出可持续的商业模式，或者说没能很好地内化新技术。

本质上，这两家公司构建的商业模式无非是把线下风景区的商业模式原封不动地搬到了线上而已。通常来讲，线下风景区采用的是两级收费模型，首先，进入景区需要掏一笔钱——门票；其次，进入景区之后，如果还需要购买景区里面的商品或服务，就需要再依据不同的标准付费。美国在线和瀛海威时空也是如此：想要上我的网站，用户需要先掏一笔入网费，这笔钱在用户眼里相当于门票，而在网站眼里就是"接入费"，两家公司都是拨号上网的互联网服务提供商（ISP）。一旦用户上了网，如果要使用我的电子邮件服务，那么还需要为电子邮件服务再付一笔服务费。

这样的商业模式在线下没有任何问题，毕竟各个风景区基本上都是这么做的，迪士尼也是如此。

但在线上，情况就有所不同了。我们仔细想一想，线下风景区想要收到门票，前提是景区必须得有门，而有门的前提是必须要有墙。所以，凡是可以收门票的风景区都有围墙，也就是服务设施的边界是清晰的。假如把这种思路直接搬到线上，那么瀛海威时空和美国在线想要收到门票，就必须要在没有边界的互联网上建立围墙，事实上，它们也是这么做的。然而，互联网的基本精神是开放和共享，在互联网时代，越开放越安全，越共享越值钱。而美国在线和瀛海威时空的商业模式，显然与这一基本精神背道而驰。

在此，并非把瀛海威时空的倒闭归因于商业模式不够完美。我只是想说，这样的商业模式与互联网新技术所要求的方向是相背离的，因此也是注定会被淘汰的。

雅虎的伟大之处

第一次将互联网技术成功内化进自身商业模式的，是著名的雅虎公司（Yahoo!）。这家公司成立于1994年，是全球第一家提供因特网导航服务的公司，成立两年后就在纳斯达克上市。虽然雅虎现在也不像过去那么有名了，甚至很多年轻人完全没有听说过这个名字；但是，每当我们要回顾互联网发展历程的时候,都必须要向这家公司致敬,因为它为互联网集体找到了可以持续赚钱的方式,它所奠定的商业准则直到现在仍然被互联网公司遵循。可以说,雅虎让互联网从技术变成了真正的产业,这才有了数字经济的迅速崛起。

说来雅虎的做法非常简单,无非是把传统的广告业变成了基于"分类目录"的数字信息服务业。换言之,雅虎引导了传统广告业向数字广告的升维进化。

这个过程是怎么完成的呢?我们有必要先来看看什么是传统的广告业。在传统的广告业中,有一句流传甚广的名言:"我明明知道在广告上的投资有一半是浪费的,但我不知道浪费了哪一半。"这句话被称作"广告界的哥德巴赫猜想",困扰传统广告界上百年的时间,最开始说这句话的人是百货商店之父约翰·沃纳梅克(John Wanamaker)。[1]

为什么会出现这种情况?为什么我明明知道浪费一半又不知道浪费哪一半?我们举个例子来说明。假如你是一家火锅店的老板,如果用传统的方式做广告你会怎么做?你会把所有想要宣传的信息印成传单,然后交代店小二上街去发放

---

[1] 约翰·沃纳梅克(1838—1922)是美国传奇式的商人,曾于1889年被时任美国总统本杰明·哈里森(Benjamin Harrison)任命为美国邮政部部长。参见[韩]全光:《卓越人生:世界百货业之父约翰·沃纳梅克的传奇人生》,刘中淑译,北京,团结出版社,2011。

这些传单。收到你传单的人，有的人对你的火锅店感兴趣，但大部分人会把传单丢到垃圾桶里。所以，只有当收到你传单的人把传单丢到垃圾桶里，你才知道这个人对你的火锅店不感兴趣，但你的广告费已经花掉了。换言之，如果你不花这笔钱，就不知道这个人感不感兴趣，而当你知道他不感兴趣的时候钱就收不回来了。这就是传统广告界面临的最大困境。

　　基于这样的广告模型，传统的广告公司想要承揽你的广告业务，只会向你承诺两个指标：一个是曝光度，另一个就是驻留度。假如电视台想要承揽你公司的广告业务，他们会跟你讲，你在我这儿做广告，我能让××人看到你的广告，这叫曝光度。接下来，广告机构会继续游说你，如果掏更多的钱，他们可以让受众每天都看你的广告，或者一天看三遍你的广告，还可以选择黄金时段来播放你的广告，这就是驻留度。除了上述两个指标，传统广告机构所能做的就很少了。有意思的是，对这两个指标的过度追求产生了很多奇葩级的广告现象。例如，"今年过年不收礼，收礼只收脑白金"这句广告语用"广曝光、强驻留"的广告轰炸方式，已经成了深植于国人头脑中的"病毒"，开句玩笑，几乎可以说是给我们造成了"永久性脑组织损伤"。然而，真正购买过或打算购买脑白金的人却寥寥无几。这就意味着，脑白金这家公司错误地把绝大部分的广告费浪费在了那些永远不会买它产品的人身上。这种大水漫灌式的广告是对广告费的极大浪费！

现在让我们来看看雅虎是如何解答"广告界哥德巴赫猜想"的，仍然用火锅店来举例子。在雅虎上做火锅店的广告会怎么做？雅虎会这么做：先把所有火锅店的信息全部整理起来，然后按照不同的类别进行分类索引，这就形成了关于火锅店这一子类信息的"分类目录"，而火锅又属于"美食"这个大类，除火锅之外的美食也按此标准处理。以此类推，雅虎就能构建起包罗万象的信息分类目录，这就有了门户网站的基本结构。

接下来，雅虎就可以为用户提供信息导航服务了。雅虎会告诉那些想要找商户信息的人：以后再要找商户信息的时候，就不要去翻大黄页了（黄色纸张印刷的大部头电话号码簿），都来上我雅虎的网站。用户为什么要上你雅虎的网站呢？因为相比于大黄页来讲，雅虎有诸多好处，这些好处至少体现在四个方面。第一，雅虎的信息更全，大黄页上的信息是有限的，而雅虎上的信息越来越趋向于无限。第二，雅虎的信息更准。大黄页上的信息更新起来特别麻烦，改个标点符号都要把整本书重印，而雅虎可以见错就改、即知即改，所以提供的信息更及时也更准确。第三，雅虎的信息更加便携。出差的时候，我们不会背着一厚本大黄页，再说即便背着也没有用，大黄页上的信息是服务本地的，一旦地点变了，信息就没用了。但是，无论你到了哪儿，只要能够接入互联网，你就可以借助雅虎检索全世界的信息，所以信息更加便携。第四，也是最大的好处，无论你在雅虎上检索多少信息、检索多长时间的信息，一律都是免费的，而买一本大黄页往往价格不菲。

有了以上四大好处，用户再想要检索商户信息的时候，就会优先选择雅虎这样的门户网站，而不是大黄页。火锅店的广告这时就发生变化了。假如你现在想吃火锅了，你会登录雅虎，然后依次选择"美食"这个一级频道，再选择"北京"这个二级频道，最后选择"火锅"这个三级频道，那么，北京地区所有的火锅店就全部呈现在你面前了！当然，你还可以进一步选择更加细化的分类目录，以便更快地找到你想要的结果。

现在，假定你对结果目录里列出的"海底捞"这家火锅店感兴趣，那么你一点击海底捞的超链接，雅虎就会把你带到海底捞的信息页面，这个页面上会展示海底捞这家火锅店的联系方式、地址、就餐环境、客单价、其他人吃过后的评价等你感兴趣的信息。当你浏览了这些信息之后，你有两个选择：一是直接来这家店吃火锅；二是把页面关掉，回到结果列表去看看别的火锅店你感不感兴趣。无论你选择哪个选项，雅虎都会告诉海底捞：这次点击产生了一条有效广告！原因在于，海底捞的广告被一名想吃火锅的人主动点开并且阅读了。而海底捞只需要为这次有效广告付非常便宜的一分钱。

这样一来，在雅虎上做广告，没有广告费会浪费。雅虎收的每一分钱都是产生广告效果之后才收的钱，所以雅虎就帮广告主找回了被浪费掉的那一半广告费，因为雅虎是按效果付费。

这真是商业模式的"神来之笔"。直到现在，互联网领域离钱最近的仍然是广告业务，大多数互联网公司首先是广告公司。雅虎确立的商业基本结构——前向免费，后向收钱——仍然被绝大部分互联网公司遵循。这就是雅虎的伟大之处！

先别高兴得太早。虽然雅虎为互联网集体找到可以持续赚钱的方式，其开创的开放、免费、盈利的基本准则直到现在都是互联网的根本遵循原则，然而雅虎自身的"阿喀琉斯之踵"[1]已然显现，它正在错失一个更加伟大的时代。

让我们再回顾雅虎的广告模式：登录雅虎，点击"美食"这个频道，再点击"北京"这个地区，最后点击"火锅"这个序列，然后全北京的火锅店就出现在你面前了。我现在的问题是：凭什么海底捞排在第一位？凭什么小肥羊这家火锅

---

[1] 阿喀琉斯之踵（Achilles' Heel）是欧洲流传至今的一句谚语，意指任何一个强者都会有自己的致命伤，没有不死的战神。

店排在最后？小肥羊和海底捞有可能在线下是门对门开的，菜品、服务、价格都相仿，为什么在分类目录里位置如此不同？我们都知道，既然只要被想吃火锅的人看到就是一次有效广告，而我们又知道，谁排得越靠前，就越有可能被想吃火锅的人优先看到，所以谁都想排到前面去。由此可见，不但广告内容是广告，广告位置也是一种广告资源。遗憾的是，雅虎恰恰就在后者上翻了跟头，自始至终都没有找到最优的广告位置变现办法，只能眼睁睁看着下一代更加伟大的互联网公司崛起，这家公司就叫谷歌（Google）。

谷歌是如何替代雅虎的

雅虎和谷歌，在位置轮替的过程中还发生过一次很有意思的小插曲。1997年，在斯坦福大学读研究生的拉里·佩奇（Larry Page）已经在运营一个研究项目——网络爬虫（BackRub），也就是网页排名（PageRank）算法的前身。当时的拉里·佩奇打算作价100万美元卖掉这个项目，好继续攻读博士，然后毕业当一名教授。佩奇找到雅虎创始人杨致远和大卫·费罗（David Filo），表达了出售网络爬虫的意向但却被明确拒绝。这件事情间接促成了1998年9月7日拉里·佩奇和谢尔盖·布林（Sergey Brin）两人在加利福尼亚山景城成立谷歌公司。两年后的2000年，雅虎跟谷歌合作，购买谷歌的搜索服务。2002年，当时的雅虎CEO特里·塞梅尔（Terry Semel）想要收购谷歌，几个回合下来，收购价格从10亿美元一直涨到了100亿美元，最终也没有谈成，只好作罢，不得不眼看着谷歌跟坐上火箭一般腾飞起来。[1]

迅速成长起来的谷歌只用了两套算法，就把雅虎留下来的搜索金矿变成了真金白银，成了一台自动印钞机，而且印钞成本比印钞厂都低。

谷歌第一重要的算法是网页排名算法——网页排名。简单来讲，这套算法之所以有效，是因为它能够更加公正地衡量一个网页的真正价值。在谷歌成立之前已经有很多搜索引擎了，但对网页的排序主要考虑的还是关键词在网页中出现的频率，也就是说，特定关键词在某个网页中出现的频率越高，当用户使用这个关键词搜索的时候，这个网页在搜索结果中的排名就越靠前。谷歌的网页排名算法采用的是另外一种思路，按照网页之间的超链接关系来决定网页的排序，主要遵循两个原则：如果一个网页被其他很多网页链接到，说明这个网页更加重要，这个网页的网页排名值（简称PR值）就会越高；如果一个PR值很高的网页链接到其他网页，那么被链接到的网页的PR值也会相应提高。事实证明，谷歌的排

---

[1] 关于谷歌早期的技术和商业探索，可参见[美]约翰·巴特利：《搜》，张岩、魏平译，北京，中信出版社，2006。

第一章 数联网

序算法更加客观和科学。

谷歌将全世界的网页都通过网页排名算法建立索引之后，就建立了一个专门的搜索页面（google.com），页面上只有一个简洁的搜索框。然后谷歌就告诉所有想要上网的用户：以后你们要上网，就别再弄小本本记那么多网址了。要知道，在搜索引擎普及之前，每个上网的用户不得不记住很多网址，但网址并非自然语言的产物，一多之后就记不过来了，所以上网的用户都要专门用文件或者找笔记本来记录需要访问的网址。

有了谷歌之后，用户再也不用记那么多网址了，只需要记住一个网址，那就是谷歌搜索页面的网址。每个用户只需要把想要的信息转化为一个自然语言下的关键词，就可以借助谷歌瞬间找到想要的所有信息。谷歌因此改变了用户的上网路径。过去用户上网是直接输入网址，然后到达特定网站。而有了谷歌之后，用户先上谷歌，然后让谷歌把我们"摆渡"到想要去的网站，并且有求"必应"。谷歌就成功捕获了用户的上网流量，谷歌的搜索页面变成了全世界网站的"顶层流量分配机制"。流量是一家网站的命脉，如果一家网站没有流量指向，那么这家网站就名存实亡了。而流量会不会指向你这家网站，在很多时候不是网站自己说了算的，而是由谷歌的这套算法来决定的。相当于谷歌以搜索引擎掐住了全世界网站的流量命脉，谷歌自身则变成了第一大流量入口。

解决了流量来源问题之后，如何变现呢？这就是谷歌的第二套关键算法——谷歌竞价推广（Google AdWords）。这套算法是怎么运行的呢？我们都知道，如果一名用户在谷歌搜索框里搜商品名称，那就很可能意味着这个用户想要买这一类的商品。打个比方，假如一个用户在搜索框里搜"手机"这个关键词，那就很可能意味着这个用户想要买手机了。而我们又知道，三星这家公司是专门生产和销售手机的，所以三星特别希望，谷歌在发现用户搜"手机"这个关键词的时候，能把这名用户带到三星的销售页面上来。这样，三星的手机就有了最优先向想买手机的人曝光的机会。那么，谷歌凭什么要把这个用户带给三星呢？三星承诺，谷歌每带一个人过来，我就愿意付1块钱给谷歌。这样一来，这个商业模式就能成立了，以后谷歌再发现有人搜"手机"这个关键词，就会优先带给三星，然后从三星的账户里面扣1块钱。

问题是，小米这家公司也在卖手机，也希望谷歌能够给自己导流，而且愿意为谷歌的每次导流付2块钱。小米这样就会排在三星前面，谷歌再发现有人搜"手机"这个关键词的时候，它会更愿意带给小米，因为给小米带一次可以挣2块，而给三星带一次只能挣1块。后来又有一家公司出现了，这家公司叫华为，华为说：我愿意出5块。顺理成章，华为就排到前面去了。过了一段时间,三星发现自己的销量提升并不理想,到谷歌的广告后台去一看,原来华为对"手机"这个关键词已经出价到5块了。为了应对华为的竞争,三星立马调整为每次10块,然后三星就排到华为前面了。小米一看急了,15块,又到前面了。华为一咬牙一跺脚,30块……以上就是谷歌竞价推广这套算法的场景化彩排。在国内,对应的是百度的"关键词竞价排名",具体方式上,百度和谷歌有很大差异,但底层逻辑两者基本一致。

如果想要在谷歌上做广告,需要你自己在谷歌的广告平台上注册一个账户,并在账户里面存上广告费,然后指定关键词,哪个关键词都可以,指定多少个都可以。指定了关键词之后,需要为你自己指定的关键词出个价格,出多少都可以。作为谷歌来讲,它唯一需要做的就是把每个关键词按照不同的出价排序,然后按照实际点击量扣费。当你的账户快要没钱的时候,它会自动给你发一封邮件,提醒你"余额即将不足",如果想继续做广告,就赶紧往账户里面充值;如果不充值,那就立即下架。就这么简单。

前端有源源不断的流量,后端有一套算法自动化地把流量变现,谷歌俨然一台自动印钞机。我们可以大胆地设想,现在让谷歌的员工都放假,别来上班了,只要保证谷歌的服务器不宕机,你会发现没有人上班也不影响谷歌赚钱。因为谷歌的商业模式已经不再依赖于人了。这就是谷歌的伟大之处！

雅虎让广告进化成了基于分类目录的信息服务，而谷歌则让广告实现了自动化。这就是只读互联网时代向我们揭示出的伟大商业模式创新。

2.0阶段：可读写的互联网

雅虎的成功，最终证明了互联网公司可以具备盈利能力，这向全世界的人指明了一条新经济的发展路径，谁都不想错过这一轮淘金热潮，全世界的人才、全世界的目光、全世界的资本都涌向了互联网这个领域。最终，在资本的推拥下，演化出了1995～2001年互联网史上最大的经济泡沫。

当时的投资机构和互联网公司都看到了新技术存在的"网络效应"[1]，也就是说，只有先实现用户数的规模增长，才能收割因规模带来的网络红利，这被称作"变大优先"（Increase First）策略。但是，为了实现前期的规模增长，互联网公司必须要忍受亏损，所以绝大多数的互联网公司在前期依赖风

---

[1] 也称"麦特卡夫定律（Metcalfe's law）"，是由以太网的联合发明人兼3Com公司创始人罗伯特·麦特卡夫（Robert Metcalfe）提出的，指网络的价值同网络用户数量的平方成正比。

险投资，而不去关注自身的盈利能力。本来这样做也没什么不好，问题的关键在于，技术和资本联姻之后，股价开始迅速与商业模式脱离，变成了资本市场上的博弈，泡沫化现象越来越严重。市场的盲目乐观让越来越多的互联网公司本身没有什么商业模式创新，拿着千篇一律的商业计划书，就能融到大笔资金，希望可以在短时间内"堆肥"，这无异于揠苗助长。更加重要的一点是，网络效应的存在虽然说明了规模的重要性，但也会带来一个自然的结果，那就是，在不同的垂直领域只会留下一家形成自然垄断的格局，甚至有些垂直领域本身的市场潜力连一家公司都支撑不了。

2000年3月，以技术股为主的纳斯达克综合指数在达到5048点的最高点之后开始回落。网络经济的泡沫从3月10日开始破裂，当天纳斯达克指数跌了4个百分点，市场恐慌情绪开始蔓延，指数加速下跌，大量科技公司破产倒闭。2000年3月~2002年10月，网络经济泡沫让科技公司蒸发了5万亿美元的财富。数字经济的第一个大周期以一段"非理性繁荣"结束。

互联网泡沫的破裂并没有宣告互联网技术和数字经济的退场，反而成了互联网的一个历史性转折点。厚厚的积雪之下，更具创新力的种子已经开始萌芽。

维基百科的诞生

2001年1月15日,吉米·威尔士(Jimmy Donal Wales)和拉里·桑格(Larry Sanger)推出了网络百科全书项目——维基百科(Wikipedia),目标是向全人类提供自由的百科全书服务。维基百科刚上线的时候,没几个人会相信这个项目真的可以达成他们所宣称的目标,因为维基百科从哪儿看都不像是真正的百科全书。

在维基百科之前,世界上最具权威性的百科全书是《大英百科全书》(*Encyclopedia Britannica*),或称《不列颠百科全书》,始创于苏格兰爱丁堡,后来版权和商标被美国西尔斯百货公司(Sears)购得。1941年,西尔斯百货将《大英百科全书》的版权赠送给了美国芝加哥大学,1996年1月,版权又被瑞士富豪雅各布·萨弗瑞(Jacob Safra)买下,现在仍然由总部位于芝加哥的不列颠百科全书公司运营出版。

近代以来的《大英百科全书》是人类知识无可争议的权威象征,只有那些极其专业的人士才有资格成为《大英百科全书》的词条编辑。这家出版公司拥有数千名各个领域的知识权威,包括很多诺贝尔奖获得者,其中不乏像爱因斯坦、居里夫人、赫胥黎这样的灯塔式学术权威。每当要出版一个新版本的时候,不列颠百科全书公司都要雇用上千名专业编辑和数千名外部专业人士,这几千人要连续工作整整两年甚至更长的时间，才能让某个版本的《大英百科全书》面世，这还不算那些负责排版和印刷以及销售的人员。拥有一套百科全书被认为是家庭财富的象征，当然，一套百科全书的价格也是相当不菲，购买的家庭经常需要办理分期付款。在英国，《大英百科全书》的权威性"仅次于上帝"。

反观维基百科，从哪个角度看都难以体现出所谓的"权威性"。首先，维基百科只有很小（个位数）的运营团队，且大多数员工没有运营百科全书的经验。其次，维基百科是非营利平台，依托社会捐款生存，也就是说，网站本身没有盈利可能。此外，维基百科制定的编辑规则看起来相当滑稽，它允许任何人创建词条，只要这个词条在平台上不存在。最后，维基百科还允许任何人修改任何人创建的任何词条，这从观感上就比较荒谬了：一个顶尖专家好不容易创建好了一个词条，结果被二傻子给修改了，而这个专家还不能反对，唯一能做的就是再把它给改回来。呜呼，这哪儿还有什么权威可言！

可是，就是这么一个看起来没有任何权威的平台，在很短的时间内，不但在词条的数量上超过了《大英百科全书》，而且在词条的质量上也做到了不分伯仲。以至于到了2012年，《大英百科全书》不得不宣布停止印刷，改为只提供在线版本。时任总裁乔治·科兹（Jorge Cauz）跟记者说："《大英百科全书》

与维基百科的体量相比，简直微不足道。"目前，维基百科已经成为人类最大的单一知识平台，也是最大的社会化协作平台。人们忽然明白过来，原来不断进化的知识才是真正权威的知识。对于《大英百科全书》而言，词条在被编好的那一刻，就已经过时了。因为从词条编好到正式出版，中间隔着很长的时间（两年左右），在知识日新月异的时代，这显然是跟不上发展的做法。

维基百科的成功揭示了互联网带给人类的另一种全新的技术红利。通过维基百科，人们忽然发现，原来互联网不但允许我们"读"，还允许我们"写"。过去的雅虎和谷歌虽然都很成功，但它们只是利用了互联网"可读"这一特性，所以仅仅是提供信息服务的平台。而一旦互联网允许我们写的时候，那么所有草根用户的创作热情就被瞬间激发出来了。一夜之间，全体网民都有了一个可以自由表达的空间。任何一个人都可以把自己的想法和创意分享到网络空间，如果你愿意，那么借助互联网，全世界的人都可以瞬间看到你的想法和创意，这对人类分享天性的激励是空前的。

数字化风暴

维基百科之后，方便用户分享文字的博客开始出现，引发了一轮博客狂潮。再之后又有了微博，直到现在仍风行不衰。除了分享文字，用户还想分享图片，所以各类图片分享网站开始提供服务并迅猛发展。除了分享图片，还要分享音频，各类播客平台遍地开花。除了分享音频，还想分享视频，视频分享网站如雨后春笋一样冒了出来。总之，所有的内容产业都被数字化了！

过去，我们认为报纸是新闻的化身，提到报纸就会想到新闻。现在，我们已经很少买报纸或看报纸了，但却消费了更多的新闻。以至于有些报纸在报道新闻的时候都是这么开头的——"据网友爆料……"。过去，我们认为广播是音频的化身。现在，我们很少收听广播了，但却消费了更多的音频。过去，我们只有通过电视才能观看电视连续剧。现在，我们很少看电视，但却消费了更多的"电视连续剧"。只有不看电视的时候，电视连续剧才真正"连续"了。网络时代的人们观看电视，简直是被"双规"——在规定的时间、规定的地点看电视。所以，以后就没有"电视连续剧"这个词了，只有"连续剧"，并且真正能够做到"连续"。每个元旦都会传来大量报刊宣布停刊的消息，昔日的传媒巨擘纷纷跌落数字化洪流。

早在2005年，著名导演陈凯歌曾经拍摄过一部制作精良的商业大片——《无极》，结果上映之后被网友们评价为"无聊至极"，很多网友吐槽《无极》的情节设计存在很多问题。

有个不知名的自由职业者胡戈重新剪辑了电影《无极》的片段，再配上各种搞笑的对白，然后在网络上发布了视频短片《一个馒头引发的血案》。这部只有20分钟的恶搞短片掀起了一场网络海啸，下载量远远高过了电影《无极》本身。甚至有人说，《无极》的很大一部分票房是《一个馒头引发的血案》贡献的，因为网友们看完了《一个馒头引发的血案》，不免就会疑问：这《无极》到底"烂"成什么样？不如买张票看看得了。这样的恶搞做法当然是不值得提倡的，并且是需要抵制的，但这个事件淋漓尽致地展现了互联网发展到可读写阶段之后，内容产业的变化之巨。过去我们认为只有精英才能做出精品，只有大导演才能拍出大片，但在互联网时代，人们每每都在感叹：高手在民间！

数字孪生

内容数字化并非互联网的终点，甚至只能算是个小小的开端。因为虚拟现实和增强现实（VR/AR）技术已经走来，再结合3D打印技术，数字化风暴很快就会跃出内容产业的边界，深入到被认为是铜墙铁壁的传统制造业。我曾先后三次参观欧特克公司（Autodesk）在旧金山的展厅。这家成立于1982年的软件公司推出了风靡全球150多个国家的工业设计软件——AutoCAD，服务超过400万家从事工业设计的客户。

近年来，欧特克积极引领自己的软件能力与数字技术尤其是互联网的结合，为客户提供卓越的数字设计体验。

在参观欧特克展厅的时候，给我留下深刻印象的是电影《阿凡达》的拍摄和增强现实沙盒，这意味着数字技术正在混淆虚拟与现实之间的界限。

电影《阿凡达》在拍摄过程中，布景和演员表演与传统的电影拍摄没有区别。不同之处在于，现实世界中的表演会通过演员身上佩戴的各种传感器同步到虚拟场景当中，相当于在虚拟场景中塑造了与现实世界同步动作的替身，这种替身也暗合了阿凡达（Avatar）本来的含义，就是"虚拟化身"。

增强现实沙盒是另外一种情况，如果没有数字技术的呈现，沙子就只是一堆盛放在盒子中的沙子而已。但通过引入数字技术，这些沙子则被予以"数字着色"，从而形成了虚拟与现实之间的实时交互，让原本没有意义的沙子具备了全新的信息价值，也让信息给了沙子以生命。

由这两项技术出发，我们看到的是一个正在消弭边界的现实与虚拟之平行宇宙，在数字技术的辅助下，现实正在虚拟化，虚拟正在现实化，但前提是，虚拟和现实同时数字化。

据预测，2020年全世界将有210亿个传感器和终端接入网络，这将使得数字孪生成为可能。未来现实世界的万事万物都将同步具备一套或多套数字孪生体，通过传感器来理解状态，并对变化做出响应，改进操作，产生新的价值。

数字孪生体的存在将会迫使现实世界中的物理系统不得不向虚拟世界交出部分或者全部的行为决策权，从而辅助人类进行更为精准的计算。完全的"理性人"将真正成为可能，他们具备人类的情感，但又不受制于情感的非理性因素，变得十分精于计算。

在生活中，我们将逐步构建起一种全新的"会话系统"，是融合虚拟和现实两大体系之后的全新通用语言，既有人类语言的灵活性，又具备机器语言的精准。这将会是人类全新的生活体验。

在商业上，数字孪生体的存在会让"事件驱动"越来越普遍，商业实践人士会放弃对市场需求的深度理解，转而寻求对事件或态势的实时响应，交易是对一系列"商业时刻"的把握和实时响应，而非营销引导的结果。"营销"这个词当中的"营"可能会失去意义，业务系统的根本是对事件响应的支持。

如果说枪炮的诞生让奴隶和贵族平等对峙，印刷术的出现让各阶层实现信息平权，邮差让知识模糊了茅屋和宫殿，那么数字孪生体则创建了一个可以囊括一切力量和权力的替身，将万物置于二元共生的平行宇宙之中。

总之，在这个阶段，互联网重塑了商业的表达方式，数字化表达已经模糊了虚拟和现实之间的界限。

3.0阶段：移动互联网

在很多人眼里，移动互联网相比于桌面互联网没有太大的区别，只不过是上网的终端发生了变化。桌面互联网是用台式机和笔记本电脑上网，移动互联网是用手机和iPad等移动终端上网，仅此而已。但其实，两者具有本质的区别，至少体现在两个方面：一是在线方式，二是激发的数据。

永远在线

在桌面互联网时代，上网是单独的动作，需要一定的操作之后才能真的"在网上"。用户是坐在桌子前上网的，每当用户的屁股离开凳子的时候，他就跟网络绝缘了。在桌面互联网时代，我们使用的最流行的通信工具是QQ，在QQ里我们最经常说的话是：再见、拜拜、我先下了、886……但在移动互联网时代，我们用得最多的通信工具变成了微信，在微信里我们几乎从不说"再见"。假如你在微信里经常跟你的好友说再见，你的好友还会以为你出什么事儿了呢。为什么我们在QQ里很自然地说拜拜，而在微信里却很少说再见呢？原因在于，桌面互联网把我们的上网行为分成了两种状态，一种是"在线"，一种是"离线"。我们之所以说拜拜，就是要告诉我们的好友，我要进行状态转换，从在线变为离线了。

而移动互联网只给了我们一种状态，那就是"永远在线"，既然永远在线，就永远可见，既然永远可见，何须再见？

移动互联网区别于桌面互联网的第一个地方，就在于"始终在线"。在桌面互联网时代，我们上班的时候打开电脑开始工作，下班后一关机，工作就跟我们没什么关系了，转而进入纯粹的生活状态。所以我们基本上都处在"朝九晚五"的状态，工作和生活像钟摆一样完美切换、边界清楚，工作就是工作，生活就是生活。但到了移动互联网时代，始终在线这件事就变成了"始终在状态"，甚至"始终在岗"，因为你随时都可以被找到。我们忽然发现下了班也要工作，很多时候越是在正常上班时间之外工作越是繁忙。为了"报复"这一点，有些人上班的时候也开始"生活"了。仔细观察如今的职场人士，你就会发现，他们在正常的上班时间里做了很多与工作无关的事情，不是在浏览信息就是在微信里私聊，甚至很多上班族同时在网上运营自己的生意。

在移动互联网时代，我们不得不接受一个基本现实：工作和生活已然傻傻分不清楚。我们不得不在工作中加入生活，在生活中照顾到工作，这是一个工作与生活混为一团的时代。而这，也是很多人选择创业或是成为自由职业者的原因。既然为了打一份工，就要搭上我的生活，那么为什么不干脆自己给自己干呢？所谓的"自经济"，是把工作和生活合二为一的最快方式，这种状态本来就是"活着干，干着活"的。

三维数据

移动互联网相比于桌面互联网的第二个本质的区别在于激发的数据。移动互联网把三个数据维度同时加到互联网里面，分别是时间、空间和身份。应该说，移动互联网时代的所有商业进化都跟它们有关系，不能深度利用这三个数据维度的商业，就很难融入移动互联网这个时代。

第一个数据维度是时间。桌面互联网时代是没有鲜明时间概念的，最流行的应用是门户网站和搜索引擎。门户网站是把信息组织成"分类目录"，每个目录下面就是一整块的信息集合，所以信息组织方式是"信息块"。搜索引擎是按照关键词来组织信息的，输入一个关键词就能找出一片相关信息，所以是把互联网上的信息按照关键词来组织成"信息片"。这两种信息组织方式都没有时间维度，起码时间维度都起不了决定性作用。但到了移动互联网时代，我们在刷微博和朋友圈的时候，你会发现信息的组织方式已经发生了根本性的变化，这些信息既不是按照分类目录来管理的，也不是按照关键词来组织的。但在错综复杂的主题和内容背后始终有一条主线，那就是时间线，所有信息都是按照时间逆序来排列的，最新发布的排前面，之前发布的往后排。信息变身成了"信息流"。

信息组织方式由信息块到信息片再到信息流的演变，预示着时间维度成为移动互联网的全新刻度。那么，拥有时间刻度的网络意义何在呢？答案是：我们终于可以用时间这个刻度来同步管理我们的线上和线下两类人生了。在桌面互联网时代，用户是不能在同一个时间里出现在线上和线下的。我们只能这个时间在线上，另外一个时间在线下。可是到了移动互联网时代，我们每时每刻都同时生活在线上和线下。借助时间维度，移动互联网终于校准了线上和线下同步的节奏。

第二个数据维度是空间。时间维度的加入只能说明线上和线下"对表成功"，并不能保证线上和线下在空间上的精准映射，因此空间维度也被加进来，通常我们称之为"地理位置服务（LBS）"。在桌面互联网时代，地理位置表现为一段信息；到了移动互联网时代，地理位置就变身为一组数据了。信息是可以被复制和粘贴的，但数据只能够被利用。桌面互联网时代的百度地图是信息逻辑与现实逻辑的离线式映射。也就是说，用户借助百度地图查找路线，得到的是一系列可被复制和粘贴的信息指引。这组信息跟用户当时所处的真实地理坐标没有任何关系，只是可供在线查找的地图而已，底层逻辑上跟基于关键词的搜索引擎没有区别。

但在移动互联网时代，只要你带着手机，地理位置随身而行。用户走到哪里，地理位置就实时更新到哪里。天气不再是需要用户查找的信息,而是依据地理位置实时更新的数据。当我们打开滴滴打车的时候,滴滴瞬间就能获取你的地理位置;当我们打开美团外卖的时候,美团外卖立刻就能定位你的坐标。甚至,当我们举起手机来拍摄一张照片的时候,手机都会精准记录这张照片的拍摄地。地理位置已经嵌入网络,成为随身而行的数据。

第三个数据维度是身份。在桌面互联网时代,我们不怎么在意身份的概念,互联网被称作匿名互联网。美国《纽约客》杂志曾经登过一幅非常有名的漫画,一个人在电脑前上网,网线另一端有一条狗用爪子在电脑前拨弄键盘。这幅漫画配了一句很有名的话:在网上,没有人知道你是一条狗。[1]据说,当年马化腾为了发展QQ用户,还曾男扮女装在网上跟别人聊天呢。彼时的网络生活中,匿名是巨大的优势,因为网民只关切网络里面的事情,跟现实生活没有太大的关系。

但到了移动互联网时代,身份变得十分重要。手机端和PC端在身份需求上截然不同。可以多个人用一部电脑,但不会多个人用一部手机;一个人可以有多部手机,但不会多个人用一部手机。所以,通过每一部手机,我们都可以推断出一

---

[1] 这幅漫画是由彼得·施泰纳(Peter Steiner)创作的,刊登在1993年7月5日的《纽约客》杂志上,之后被重印过多次,是《纽约客》被重印次数最多的一幅漫画。施泰纳因这幅漫画赚取了超过50 000美元的版税收入。

个特定的人来,身份验证就是必需的了。手机号就成了我们的"eID",也就是电子身份证(electronic IDentity),一个手机号可以贯穿所有的线上应用。至此,身份维度也被加入网络,变成了关乎信用的数据。

时间、空间和身份,这三个维度的数据共同加持了移动互联网的崛起。有了这三个维度的数据,从理论上讲,我们可以通过任何一个人的手机,一次性搞清楚这个人的五件事——谁、什么时间、什么地点、和谁、干了什么事情。至此,手机成了用户真正的"数字孪生体",也有人称其为"电子器官",意指一刻都不能离身的东西。

移动互联新业态

那么,时间、空间、身份这三个维度的数据,会让移动互联网的商业进化出何等样态呢?我的判断是,如果用一句话来概括桌面互联网时代的商业创新,应该是——信息改变认知。桌面互联网本质上加速了信息的传播和获取,让世界变得更加平坦。但信息的利用只是改变用户头脑中的认知,还无法直接驱动用户的行为。毕竟,当用户的屁股一离开凳子的时候,这个用户就跟网络绝缘了。所以,桌面互联网的商业遵从的是信息服务的逻辑,至多也就是内容服务。

若要用一句话来概括移动互联网时代的商业创新,我认为应该是——数据驱动行为。如何理解呢？我先讲个亲身经历。有一天，我上海的同学到北京来出差，找我晚上一起聚聚。我们知道，现在聚会的场景基本上是"吃饭不拍照，臣妾做不到"，恨不得上来一道菜就拍张照片，号称"消毒"。我这个同学到了饭店之后，"啪啪啪"拍了一大堆照片，然后发了一个九宫格的朋友圈，还留了地理位置坐标。结果呢，先后来了十几位同学参加这场聚会。因为我们在北京的其他同学也看到他发的朋友圈了，心想：这小子来北京了，晚上我也没什么事，我也去聚会得了。那么他接下来只需点一下我上海同学发的朋友圈信息下面的地理位置，就会弹出地图，再点一下就开始导航。所以，他连招呼都不用打就可以加入这场聚会。到了之后，他还会故意调侃："好巧啊，你们也在这儿。"吃完饭，我用微信埋单还有优惠，埋完单大家说不好意思，我们还是AA制吧，微信恰好提供了"面对面付款"和"AA收账"功能。之后，大家有的打开导航驾车，有的点开"滴滴出行"打车，开心地各回各家。

你看，一场普通的聚会，几乎每个行为都渗透了数据，都在综合调用着时间、空间和身份这三个维度数据。类似于这样的场景，我们可以列举出无数个。

既然数据驱动行为，那么移动互联网时代又会进化出何种数字经济呢？答案是：本地生活服务业。当你在使用滴滴出行的时候，你就自然在利用这三个维度的数据。换言之，离开这三个维度的数据驱动，就不会有出行平台的诞生。当你点开"美团外卖"的时候，你也在综合利用这三个维度。当你用手机扫开共享单车时，当你用手机叫一个阿姨上门清洁卫生时，当你用手机叫一名美甲师上门美甲时，当你用手机叫洗衣店上门取送衣服时……你都在综合利用这三个维度。总之，在移动互联网时代，本地生活服务业进化成了数字经济。

因为本地生活服务业的数字化，还催生出了两类极端人群。一类是"宅一族"，长时间待在家里不出门的人。宅一族在之前就是个比较普遍的现象了，但过去的宅一族只能宅三五天，时间一长就不行了，必须要下楼买东西补充粮草。但现在的宅一族有了数字化本地生活服务业的支撑，在家宅上三五年都问题不大。无论你想吃什么，"美团外卖"可以保证你每餐都不重样。如果你想吃火锅，外卖平台直接送锅上门。时间长了，家里需要保洁怎么办？用手机叫阿姨上门服务。衣服要洗怎么办？叫洗衣店上门取送。你可以一直在家宅着，只要账上有钱就行。

另一类人正好跟宅一族相反，属于另一个极端。我给这群人起了个名字——"闪移族"，即闪电般地移动的简称。这群人有个特点，就是从来不在一个地方久待，总是在不同的城市甚至国家之间穿梭，似乎不停地移动才是他们真正的工作。闪移族在移动互联网时代非常普遍，这在过去是不可想象的。过去我们要出差，通常需要做很多的准备，所在单位往往都要专门给出差的人一定的出差补贴。到了移动互联网时代，出差就变得稀松平常了。只要你带着手机，随时都可以登上飞机，无论降落在哪个城市，只要你打开手机，手机就知道你人在哪儿了。手机一知道你人在哪儿，手机上所有的APP就都知道你在哪儿了。这时，"本地"生活服务业瞬间就会以你为中心做好准备，等着你召唤，真是"一机在手，全球神游"。无论你身处何地，都可以用手机迅速解锁"本地"生活服务业。

在移动互联网时代，用户既可以一动不动，也可以一刻不停，还可以一段时间一动不动、另一段时间一刻不停。

4.0阶段：万物互联

前面三个阶段的发展都是以人为中心的联网。第一个阶段是为了让人更好地获取信息，第二个阶段是为了让人更好地消费内容，第三个阶段则是为了让人更好地享受服务。这三个阶段的互联网都是以人为中心的联网，可以统称为"人联网"。那么，接下来的问题是：既然人都联网了，那么猪能不能联网？狗能不能联网？一棵树能不能联网？电线杆子能不能联网？桌子、凳子呢？茶杯、眼镜呢？

如果你对上述所有问题的答案都是"是"的话,那我要恭喜你,我们即将进入一个万物互联的时代!

"小数据"的大魔力

如何理解这个万物互联的时代呢?这需要我们首先懂得数据的重要性。因为,如果传统的广告业没有被数据化,那它就不可能接到互联网里;如果内容产业没有完成数据化改造,它就不可能与互联网产生关系;假如本地生活服务业没有引入数据驱动,这个业态就跟互联网无缘。所以,互联网化不重要,重要的是"数据化",因为数据才是驱动商业进化背后真正的动力。

谈到数据的重要性,我们脑海里都会浮现出这几年讨论的一个时髦词语——大数据。关于大数据的讨论,最近几年可谓不胜枚举,但它并非本书所要探讨的核心主题。为了说明数据的重要性,我打算反其道而为之,选取一个"小数据",一个我们所有人都熟悉的数据。通过这个小数据,我尝试着"以小见大",来更好地说明数据到底有多重要。

这个数据就是"步数"。过去我们是没有步数这个数据的,只是凭感觉今天走路多些,昨天走路少一些,仅此而已。后来就有了计步器,再后来计步器的功能被植入手机了。现在,每个智能手机用户都可以准确地知道自己一天到底走了多少步。如此，智能手机用户就自然地获得了这个小数据。自从有了这个数据，很多人的行为开始发生改变，出现了很多基于这个数据来管理自己走路行为的人，这群人通常被称作"万步走大军"。你要是晚上去公园看看，基本上都是大步流星走路的人，过一会儿就点亮手机查看走了多少步。以至于很多人患上了"计步偏执症"，要求自己每天必须走够10 000步才行。假如有一天真有事情耽误了，到了晚上通过甩手机都要把这个步数甩到10 000以上。

更重要的是，当你不但知道自己走了多少步，还知道别人走了多少步的时候，行为再一次因数据而发生改变。基于步数的各类运动排行榜驱动了一群人你追我赶，步数这个数据由此引发了"群体互动"。这还不算完，因为有了步数这个数据，还诞生了一个前所未有的产业生态——步数捐赠。今天你走了20 000步，到了晚上就可以把这个步数捐出去，慈善和公益机构就会因为你的捐赠而得到一小笔善款，这笔善款是从哪里来的呢？是由想要做广告的品牌方支付的。他们为什么要付这笔钱呢？因为在你捐完步数之后，会看到这个品牌的广告。为什么是你看到这个品牌的广告呢？因为平台事先进行了大数据匹配，已经提前知道你适合看这个品牌的广告。你为什么非要捐这个步数呢？因为捐了步数之后，你的走路从此就有了意义，而不再是无意义地走，每一步都被赋予了慈善的含义。看吧，这是一个三方共赢的模式，也是一个全新的商业生态。

这就是数据的威力！且不说，因为有了步数这个数据，带动运动鞋的销量提升了多少；且不说，因为有了步数这个数据，带动运动服装的销量提升了多少；且不说，因为有了步数这个数据，带动运动腕表和智能手环的销量提升了多少。这就是一个小数据的大魔力。

搞清楚了数据的威力，我们就来分析在数据的驱动下，万物互联又会带来怎样的商业进化。根据我的判断，在万物互联时代，数据会驱动商业沿两个方向发展：一是让没有生命的变得有生命，二是让有生命的变得有灵性。所以，万物有命，万物有灵。

物体有命

首先，数据怎么做到让没有生命的变得有生命。回想工业化时代的商品逻辑，遵从的是大规模、标准化、低成本的准则。一件商品只有被制作完成，也就是成为"制成品"的时候，才能用于销售。可是，当一件商品被制作完成的时候，它就失去了生命力。所以，我们在工业化时代购买的商品和人之间是没有对等交互的。就拿一只茶杯来讲，当这只茶杯被做好的那一刻，它就失去了生命力，我用这只茶杯喝茶，相当于用没有生命的东西在喝茶。

那么，在万物互联时代，茶杯会发生什么变化呢？让我们进一步设想，我们可否给这只茶杯植入一定的感知芯片，以至于当这只茶杯再倒入茶水的时候，它能自动感知茶水的温度甚至分析茶水的成分，然后跟我的身体健康数据匹配，告诉我到底怎么喝这杯茶才是最健康的。这在技术上完全可行。如果这样的话，我和这只茶杯之间将基于数据展开互动，而且会形成一种正反馈效应：我跟茶杯共享的我的数据越多，茶杯反馈给我的服务越精准；服务越精准，我就越愿意跟茶杯共享更多的数据。久而久之，这只茶杯将会共享我大量的数据。我们再看这只茶杯的时候，就不是只看到物理形态的茶杯了，在物理形态之外，还有一层数据形态，肉眼看不到，但却实实在在地存在。我们把数据形态的茶杯称作这只茶杯的"数字孪生体"。

为什么一定要有数字孪生体呢？因为数字孪生体可以摆脱时间和空间的限制。任何一件实体物品都会受到时间和空间的约束——在此时必须待在此地，实体物品不能在同时待在两个地方。但数字孪生体就不会受到此番约束，可以待在任何地方，也可以在任何时间同时待在很多地方，比如在云平台上。也就是说，如果我在北京"训练"了一只茶杯，当我去南京出差的时候，我就没有必要非得带着这只茶杯去南京了。我只需要在南京找一只同样的茶杯，一扫码就可以把云端的数字孪生体召唤到南京本地。这样，我在南京用另一只茶杯喝茶，还是在跟同一个数字孪生体交互。当我离开南京的时候，一挥手，数字孪生体又会回到云端。

再进一步，当时间周期足够长的时候，这个数字孪生体将共享我大量的健康数据，以至于比我自己都了解我自己。假如我感觉身体不舒服，想去医院看病，就不是我本人去医院了，而是一扫码把云端的数字孪生体召唤到医生的"本地"即可。医生要给我看病，就不再是望闻问切了，而是分析数据。那么，要命的问题就来了，既然分析数据就能看病，而在分析数据这件事情上，我们人是永远比不过计算机的，所以就不需要医生了。这个结论你可能觉得听上去太科幻，但大家仔细想想，现在很多医生看病是不是越来越依赖于设备了？现在的医生只有医术是很难成为"名医"的。我们现在所指的名医，潜意识里已经指的是一套"人机混合体"了。一个不可否认的现实是，医生越来越依赖于设备，而设备因数据正变得越来越聪明，越聪明就越能承担更多的任务，人类医生能够发挥作用的空间就会越狭窄。

生命有灵

第一条进化路径——让没有生命的变得有生命，预示着物联网的本质是训练出物体的数字孪生体，物体本身不能联网,只有数字孪生体才能联网。这里要修正过去我们对物联网的误解。很多人在思考物联网的时候,出发点是如何利用物联网技术把一件物品改造成"物联网物品",这种做法是很难奏效的。物联网的真正要义是以最低的成本训练出物体的数字孪生体,然后让数字孪生体联网。好比我们前面提到的"人联网",也不是人之肉身联网,人之所以接入互联网,是通过人的数字孪生体——手机等联网设备——联入网络的。

这就引出了第二条进化路径——让有生命的变得有灵性。我们先来做个类比:既然人是通过手机这类联网设备来实现联网的,那我们可不可以用同样的方法来打造一款让狗联入网络的设备呢?我们姑且称之为"狗机",可以套在狗的脖子上,收集狗的数据,学习狗的行为。如果可以的话,最终我们就可以通过狗机上收集的数据解锁一条狗的世界。我们既然可以用数据解锁一条狗的世界,就可以用同样的方法来解锁成千上万条狗的世界。接下来,我们就有必要为狗和狗之间建立一个新的通信协议,我们姑且称之为"狗联网"。借助狗联网,两条狗不用见面也可以互相"汪汪汪"了。美国的一条狗可以通过"狗信"这样的应用"汪"给中国的一条狗,中国的这条狗也可以通过"狗信"再"汪"回去。

进一步来说,既然狗联网的通信协议是我们人类帮着搭建的,那我们人类自然能够理解狗联网背后的含义。接下来,我们要不要让狗联网和人联网融合呢？如果融合会发生什么？人和狗就能对话了，人就能说狗话，狗也能听懂人言。既然有生命的狗可以这样，那其他的生命体是否都可以借鉴这种方式联网呢？如果可以，所有生命就将变得越来越有灵性。

数据串起了整个互联网的发展历程，让众多产业变成了数字产业。在数据和产业的融合式发展中，一种以数据为基础的全新资源——智能资源——渐渐浮现出水面，开启了又一轮数字商业进化浪潮。

第二章 智联网

数据似乎拥有魔力。作为一种全新的生产要素，数据不存在稀缺性的问题。数据一旦产生，就能够在使用中迅速增长，换言之，数据只会随着被使用而变得越来越多，最终趋向于无穷。然而，分析和使用数据需要占用人类注意力，而人类注意力是有限的，以不变的、有限的注意力应对越来越趋向于无限的数据，这是不可能的。基于此，我们就需要寻找一种能够节约人类注意力的技术，帮助人类分析数据并代替人类做出决策，由此，人工智能技术闪亮登场。

如果把数据比作石油，那么人工智能就是数据炼油术。正如石油存在地球已上亿年，但人类大规模使用石油仅仅是近150年的事一样，数据价值的大规模挖掘也需要等待人工智能技术的成熟。只有在人工智能技术的帮助下，数据原油才能被提炼成数据汽油或者数据柴油。否则，数据的价值只能沉睡地底。

那么，如何理解人工智能技术所带来的商业进化呢？我认为在可见的未来，可以从智能技术的三个演进等级上逐次展开智能经济的美丽画卷。按照发展的先后顺序，分别是以运算能力为中心的运算智能、以感知能力为中心的感知智能和以认知能力为中心的认知智能。人工智能对于商业来说，是一种全新的"能"，每个阶段的发展都为商业注入了不同剂量和成分的"智能"，从而"使能"[1]百业。

运算智能

第一个等级的智能可以称之为运算智能，也就是通过大规模的计算产生的一种"能"。典型的例子是IBM公司开发的"深蓝"计算机。1997年，IBM公司开发的专门用来下国际象棋的计算机深蓝，打败了人类顶尖国际象棋高手加里·卡斯帕罗夫（Garry Kasparov），一举震惊世界。在当时人们的眼

---

[1] 指人工智能技术放大被使能产业或企业原有的自身能力，使之达到过去达不到的程度。数字技术使能商业的相关理论探讨可参见陈剑等：《从赋能到使能——数字环境下的企业运营管理》，载《管理世界》，2020年第2期。

中，计算机只能"计算"，没有"智能"，而下棋这种活动，我们天然地认为是一种智力游戏。这个事件让我们惊讶，一台只会算数的机器怎么突然就有了智力？假如照着这个趋势发展下去，那机器不是很快就能替代人类大脑了吗？想想都觉得可怕。

不过，没过多长时间我们就明白过来了，原来深蓝打败卡斯帕罗夫使用的根本就不是真正的智能，或者说深蓝还远没有具备"智力"。深蓝之所以能够战胜卡斯帕罗夫，依靠的仍然是计算，确切地说，是"暴力计算"。原因在于，国际象棋的下法虽然很多，但却可以被穷尽，我们完全可以把国际象棋的所有走法全部穷尽，这样就能构建一套国际象棋的完备数据库，然后让深蓝基于这个完备数据库来跟卡斯帕罗夫对战。这样一来，下棋这件事在深蓝看来就是概率计算问题了。人类每下一步棋，深蓝就会基于完备数据库来计算一共有多少种应对办法，每种应对办法胜出的概率有多高，这样就能通过胜率计算来取得先手优势。只不过实际情况要更加复杂，因为人类棋手在下棋的时候会向前考虑很多步棋的可能结果，然后根据前瞻的结果来决定眼下这步棋到底怎么走。但是，即便像卡斯帕罗夫这样的高手，也顶多只能判断出未来10步棋的走法，不可能具备全局数据。深蓝借助暴力计算能力，每一步都可以把当前棋谱与最终胜出之间的路径算尽，而人类却只能进行局部计算。以全局计算吊打局部计算，结果就是情理之中的了。

虽然事实证明，深蓝并没有展现出真正的智力，但不妨碍我们认为深蓝是具备运算智能的。这种能，是一种以超越人类大脑的能力去"算尽"一件事情的能力。目前，各类超级计算机正在沿着这个方向前进，只要把一项任务转变为可以计算的，那么超级计算机就可以以强大的浮点计算能力予以攻破。

运算智能的重点不在算法，而在算力。几十年来，人类在算力追求上从未止步，各种超级计算机层出不穷，不断刷新计算机的算力天际线。更具革命性的是，量子计算机的研发也已经取得了一些重大进展。2011年，美国加州理工学院理论物理学家约翰·普瑞斯基尔（John Preskill）在一次演讲中提出了"量子霸权"（Quantum Supremacy）一词，用来描述量子计算机可以完成经典计算机完成不了的任务，不管这些任务是否有用。量子计算机背后的算力增长机制不同于经典计算机遵从的"摩尔定律"——每18个月算力翻倍，量子计算机的算力增长速度是双指数型的，也就是在指数上再加一层指数。提出这一假想的是谷歌量子人工智能实验室负责人哈特马特·内文（Hartmut Neven），所以这种服从双指数增长的规律也被称为"内文定律"（Neven's law）。

2019年10月24日,《自然》(Nature)杂志刊发了谷歌公司的一篇论文。[1]谷歌在论文中宣称,由其开发的一款54量子比特数(53个量子比特可用)的超导量子芯片"Sycamore",可以做到对一个53比特、20深度的电路采样100万次只需200秒。而目前最强的经典超级计算机、IBM开发的高峰(Summit)要得到类似的效果,则需要1万年。基于这一突破,谷歌宣布率先实现了"量子霸权"。对此,一直深耕超级计算技术的IBM公司提出了质疑,认为谷歌在实验中并没有充分挖掘计算机的潜力,如果按照IBM的方法来对高峰超级计算机编程的话,只需要2.5天就能完成谷歌论文中量子计算机耗时200秒的任务。[2]

其实,到底有没有实现量子霸权并不重要,重要的是计算机的算力增长速度从未停歇,而强大的算力输出必将给人类社会带来更强的运算智能。根据字母表公司(Alphabet,谷歌的母公司)X实验室AI和量子项目负责人杰克·赫达利(Jack Hidary)的观点,量子技术分为三个发展阶段:1～10量子比

---

[1] Frank Arute et al. Quantum supremacy using a programmable superconducting processor, *Nature*, 2019, Vol 574.
[2] Edwin Pednault, John Gunnels & Dmitri Maslov, and Jay Gambetta. On "Quantum Supremacy", IBM Research Blog, October 21, 2019. 参见 https://www.ibm.com/blogs/research/2019/10/on-quantum-supremacy/.

特可实现量子通信阶段，10～100量子比特可实现量子感知阶段，超过100量子比特即迈入量子计算阶段。当超过100万量子比特时，真正改变算法的量子计算就出现了。目前量子计算的发展已经进入量子感知阶段。其实不用等到100万量子比特，量子计算就有很多应用落地，量子感知已经进入医疗、科研、日用化学品研发等领域。过去一个新的化学制剂推向市场平均需要12～17年的配方研发，实验不同的组合，而量子计算机能够大大缩短这一进程。

未来，在量子计算机的支持下，整个地球的云、雨、风等环境都可以轻松模拟出来，天气预报就不像现在这么难了，甚至根本无须"预报"。作为量子计算领域的领先者，IBM一直在探索量子计算的实际应用，已经跟摩根大通（JPMorgan）、梅赛德斯-奔驰（Mercedes-Benz）等公司建立了合作，甚至在线上开放了一台53比特通用量子计算机供合作伙伴使用。波士顿咨询公司（BCG）在2018年发布的研究报告中指出，量子计算会改变密码学和化学等领域的游戏规则，而化学的改变又会波及材料学、农业和制药，更不用说人工智能和机器学习了。另外，物流、制造、金融、能源等领域都会因为量子计算机的出现而催生出全新的应用。[1]

---

[1] BCG: The Coming Quantum Leap in Computing, 2018。

感知智能

第二个等级的智能是感知智能,也是目前渗入商业最为普遍的一种智能形态。感知智能,概括起来讲,就是让机器做到会听、会说和会看,这是一种转化智能,致力于文本转语音、语音转文本、图像转数据、数据转图像这一类操作。

智能语音

最早引领感知智能商业化应用的是苹果公司推出的语音服务Siri,Siri是语音解释识别接口(Speech Interpretation & Recognition Interface)的首字母缩写。Siri原本是2007年成立的一家语音识别公司,于2010年被苹果以2亿美元收购,首次出现在iPhone 4S手机上,成为这款手机众多亮眼功能中最闪亮的那一个。本质上,Siri仍然是基于文本逻辑的,它的技术核心一个是语音识别,另一个是信息聚合。工作过程是先识别用户语音,再转换成文本,然后基于文本聚合相关信息创建答案,最后再把答案转换为语音回馈给用户。所以,文本和语音的转换能力在Siri中十分重要。虽然乔布斯(Steve Jobs)去世之后,Siri在商业上的表现始终一般,技术性能也没有快速迭代,内部技术核心人员纷纷离职,但Siri开创了感知智能融入商业的重要一步,而这一步无疑是革命性的。

Siri之后，很多科技巨头看到了语音识别在商业应用上的机会。亚马逊（Amazon.com）在2014年11月推出了自然语言处理系统Alexa，并基于这一平台打造了一款智能音箱产品——Echo。这款智能音箱产品被迅速引入家庭应用场景当中，出货量突破了5000万台。此后，Alexa的技能进一步扩展，恒温器、电风扇、汽车、冰箱、空调、耳机甚至电灯开关等150多种设备可以被植入Alexa，超过4500家设备制造商的28 000多款设备与Alexa平台合作，而Alexa的技能数量扩展到了超过70 000项。截至2019年1月，亚马逊宣布搭载这一系统的设备数量累计超过了1亿台。无独有偶，搜索巨头谷歌也在2014年3月推出了基于语音的Google Now服务，并于2016年打造了一款类似于Echo的智能音箱产品——Google Home。2018年，谷歌的智能语音系统进一步升级，进化出了具备"全双工通信功能"（通信双方同时发送和接收信息的信息交互方式）的私人语音数字助理——Duplex，预示着感知智能已经迈入具备认知能力的认知智能阶段。

我国国内也有很多专门从事感知智能技术开发的公司，并取得了非常不错的成绩。首当其冲的一家是总部位于安徽合肥的科大讯飞公司。这家公司成立于1999年12月，是国内老牌的做自然语言处理技术开发和应用的公司，拿过很多技术大奖，自然语言识别准确率超过98%。在语音转文本技术中，存在3%和15%这两个阈值，意思是指，如果识别错误率高于15%，那么即便有接近85%的准确度也没有意义，因为识别结果在人类看来相当于一堆乱码；如果错误率低于3%，那么即便有错也不影响人类流畅阅读，相当于这个错误可以忽略。目前大多数从事语音识别的公司，错误率都可以控制在3%以内，意味着在音转文这个领域，技术已经比较成熟了。2020年1月，我去科大讯飞的合肥总部参观的时候，发现这家公司已经在布局"全双工语音交互技术"，其打造的"AIUI"全双工语音智能助手已经可以进行连续不间断的语音对话，高效完成用户多线程的语音指令任务。

在智能音箱方面，小米公司的表现可圈可点。2017年，小米的"小爱"智能音箱刚刚被开发出来的时候，我就有幸成为早期的体验用户。拿回家之后，发现老人和孩子迅速被这款产品吸引，儿子跟小爱同学的互动最为热烈。当然，小爱同学从技术上来说，还是"异步通信"的产物，也就是说，它的工作需要用户唤醒，唤醒之后用户给出一个语音指令，小爱同学就对这个语音指令进行音转文处理，然后基于文本做出判断，再向用户反馈结果。总之，以小爱同学为代表的智能音箱产品在技术逻辑上与Siri没有本质性差异，只是打造了智能音箱这款专用产品而已。但这款产品对于小米公司来讲应该是属于战略级的，因为智能音箱完全有可能成为智能家居的重要入口,也是小米"智能物联"(AIoT)战略的重要承载平台。在小米的智能家居场景中,用户回家后会把手机丢在一边,通过小爱同学就可以指挥一切。

用户:小爱同学……

小爱:我在!

用户:帮我把地扫了。

小爱:好的。

(指挥小米的扫地机器人开始扫地)

用户:我想看电视。

小爱:好的。

(打开小米电视)

用户:能不能把空调温度调高点儿?

小爱:好的。

(自动把空调温度调高)

用户:帮我买瓶酱油。

小爱:好的。

(自动网上下单)

……

以上这些应用场景都是完全可以实现的。我想强调的重点是，在智能互联时代，即便是像酱油生产企业这样的传统业态，也逃脱不了人工智能技术的影响。因为传统上用户购物是基于视觉的，这就是为什么淘宝上网店装修是个大生意的原因。但是，在智能应用场景下，一瓶酱油是在没有被用户看到的情况下直接由智能算法来决定是否被购买的。所以，即便是酱油生产企业，也需要理解和利用智能设备的算法逻辑。

全双工会话

当然，小爱同学还不是可以进行连续会话的"全双工系统"。那么，机器可不可以做到真正像人一样进行连续会话呢？要想做到这一点，机器系统必须附加"情感维度"，也就是"情商"。2014年，微软率先在中国推出了会话式人工智能系统——微软小冰（Xiaoice），两年后，微软（亚洲）互联网工程院通过人类主动发起的方式，让微软小冰与人类完成了60万通电话对话。微软小冰与人类发生的最长一次单人连续对话，达到了历史性的7151轮，不间断进行了29个小时33分钟。

如今，微软小冰已经进化成了以情感计算为核心的完整的人工智能框架，开始融入一系列的社会化角色。例如，小冰作为少女歌手，已经演唱了几十首达到人类演唱水平的歌曲；小冰作为节目主持人，为69档电视和电台节目持续担当内容生产和技术提供者的角色，参与生产的节目总时长超过

6908小时，而制作成本仅为人类创作团队的4.5%；作为诗人，小冰与湛庐文化合作，于2017年5月出版了历史上第一部完全由人工智能系统创作的诗集《阳光失了玻璃窗》，还协助500多万名诗歌爱好者创作诗歌；作为画家，化名为"夏语冰"的微软小冰，绘画水平达到了中央美术学院研究生水平，在中央美术学院美术馆举办了个人画展；作为设计师，微软小冰设计的丝绸作品被中国丝绸博物馆永久收藏，设计的"天际线"系列T恤衫在SELECTED店内上架销售；作为记者，微软小冰已经是《钱江晚报》的特约记者。当前，微软小冰的朋友圈人数（用户数）达到了6.6亿人，被植入4.5亿台智能设备，拥有内容观众9亿人，平均单次会话23轮。相信随着小冰的技能扩展，还会有越来越多的智能应用出现。

微软小冰虽然实现了连续会话，但还没有挑战到人类最复杂的语言应用场景。人类最复杂的语言应用场景是"辩论"。不同于生活和商务场景下的对话，辩论的难点在于，一是不存在既定的游戏规则；二是需要深入的语义理解，包括语言背后的逻辑体系；三是能形成自己的观点，对对方的论点予以反驳。当然，辩论是多个回合的，自然需要连续会话功能。2011年，IBM研究院以色列海法实验室开始展开相关研究，探讨如何设计一个可以与人类进行辩论的人工智能系统。IBM设计的这套系统最终在2018年6月18日正式亮相，名字叫"机器辩手"。机器辩手总共与人类进行了两场辩论，第一场辩论的主题是"政府是否应该增加太空探索的费用"，机器人为正方，对垒的人类选手是以色列2016年全国辩论冠军诺亚·奥瓦迪亚（Noa Ovadia），结果机器人败了。第二场辩论的主题是"远程医疗是否会在医疗中占据更大比例"，机器人仍然为正方，反方是以色列国际辩论协会主席丹·扎夫里（Dan Zafrir），结果机器人赢了。最终结果是一胜一负。

2019年2月，在旧金山举行的IBM Think大会上，机器辩手再次挑战2016年度世界辩论大赛的决赛选手，来自牛津大学的哈里什·纳塔拉扬（Harish Natarajan）。这次辩论的主题是"政府是否应该资助学前教育"，机器辩手仍为正方。根据辩论前后的投票结果，有17%的观众被人类辩手说服，改变了立场，哈里什取得胜利。

2019年11月21日，IBM在剑桥大学同学会发起了一场让机器辩手参与正、反两方的"自辩活动"，辩论主题是"人工智能对人类的利弊"，正方主张人工智能弊大于利，而反方主张人工智能利大于弊。经过激烈对决，反方以微弱优势获胜，赢得了51.22%的观众投票，相当于机器辩手说服了观众：人工智能对人类是利大于弊的。[1]

---

[1] 这场辩论赛是让机器辩手同时参与正、反两方辩论，是机器辩手与机器辩手之间的对决，其目的是考察机器辩手对人类观众的说服能力。

不管机器辩手是否真正可以战胜人类辩手,但在这个过程中机器所表现出来的能力确实令人叹为观止。在辩论的过程中,机器辩手需要即时分析和处理3亿多份文档,并实时组织出合乎人类语法表达逻辑的观点。这一智能让机器辩手可以在辅助人类决策的领域大展拳脚。在那些需要分析处理大量知识的领域,机器辩手完全可以帮助人类,以最快的速度在错综复杂的材料中归纳总结出有用的观点,迅速赋能人类的决策。法务、医疗、知识产权、新闻编辑等部门是机器辩手很容易赋能人类决策的地方。

从语音识别到自然语言处理,到全双工会话再到辩论,机器在"会听"和"会说"方面展现出了巨大的商业潜力,智能经济的一个重要表现形态——听说经济——已经蔚然成风。

智能图像处理

既然机器已经会听会说,那么机器能否做到"会看"呢?接下来,我们讨论感知智能的另一种表现形式——图像识别与处理。一般来说,人类的眼睛在看到一张图片的时候,人类感官输入的图像信息要与记忆中存储的信息比对和分析,才能实现对图像的再认。人类具有强大的图像识别能力,对于曾经知觉过的图像,即便发生了大小、位置甚至关系上的改变,都可以准确再认。打个比方,家长指着绘本上一只站着的猫教小孩子说这是一只猫，只要小孩子"看清楚了"这只猫，那么接下来不管这只猫如何改变姿势，小孩子都能轻易认出这是一只猫。进而，给他一只不同毛色的猫，小孩子也能认出来。甚至，你给他一张不同品种的猫的照片，他也能认定为这是一只猫。所以，人类的图像识别相当智能，不但可以再认，还能达到触类旁通、举一反三的效果。

但让计算机做到这一点，可就没有那么简单了。通常来讲，想要做到类似于人类在图像识别上的能力，至少需要做到三点：一是大规模的图像信息输入，人类眼睛是超强的图像信息捕捉器，源源不断地为人类大脑输入图像信息，并形成记忆存储；二是智能化的图像特征提取，我们经常讲"一图抵万言"，图像包含的信息量远远超出了文本，因此需要构建足够完整的图像特征库；三是图像识别，要将输入的图像信息与图像特征库迅速比对，并输出识别的结果。过去，在没有大规模训练数据支撑的情况下，计算机只能进行简单的图像识别，比如文字识别。这就是大名鼎鼎的"OCR（Optical Character Recognition）技术"，或称光学字符识别，是用光学设备扫描打印在纸上的字符，依据暗、亮模式确定形状，再用字符识别方法将形状翻译成计算机文字的过程，相当于让计算机识字。

随着互联网的发展，特别是数字图像越来越普及，构建大规模的图像数据库变得越来越容易，这让需要大量训练数据集的"卷积神经网络"算法有了用武之地。微信每天会有超过10亿张照片上传，美国的WhatsApp每天上传的照片数量超过了5亿张，美图平台每天生成的照片也超过了2亿张。此外，全世界还有几亿台高清摄像头，不断生成不计其数的视频数据，各类视频和短视频网站也在强力释放视频数据流。如此庞大的数字化图像资源让图像识别技术所需要的大规模数据来源问题得到了解决。

接下来，为了应对超大规模数据下的机器学习，杰弗里·辛顿（Geoffrey Hinton）等科学家在2006年提出了"深度学习"算法，旨在模拟人的大脑进行分析和学习的神经网络，让计算机模仿人类大脑的机制来解释诸如文本、语音、图像等数据。[1]你可以理解为，传统的机器学习是由人类专家来指定特征意义的，比如把一个符合一系列特征定义的圆形图像定义为篮球，这样计算机就在人类专家的"教导下"记住了这是篮球，等到再给计算机一张篮球照片的时候，它就能快速识别出这是篮球。这是一种自上而下的学习思路。但深度学习恰好与之相反，没有所谓的人类专家，只管输入图像信息，至于计算机到底如何来"命名"一个东西，人类并不去左右

---

1 有关深度学习方面的论文集和辛顿教授及其合作者的研究成果，请参见辛顿教授的个人主页：http://www.cs.toronto.edu/~hinton/。

它，计算机会根据自己的理解生成定义。这是一种自下而上的学习过程。卷积神经网络是深度学习网络的一种，这种算法在计算机视觉领域表现卓越，是当前最好的训练算法。

天网工程

解决了训练数据和算法问题之后，图像识别的商业化前景随之展开。这当中一个非常重要的商业应用就是"人脸识别"。我国在这个领域的发展非常迅猛，因此产业的发展路径很有"中国特色"。据统计，截至2019年，中国的各类监控摄像头（以交通和安防为主）超过了2亿个，并且还在以极快的速度增长，相当于平均每7~8个人就被一台监控摄像头"注视"。这些无处不在的监控摄像头正在将环境和人类的行为一帧一帧转化为图像数据并保存到遍布各地的数据存储器中，以供调取、回看和分析处理。

从2005年开始，中国开始推动"平安城市"建设，旨在通过构建一个强大的安防网络来保证城市的安全。此举有力催生了我国安防经济的崛起，海康威视、大华、宇视等企业乘势发展壮大。平安城市建设的核心是"天网工程"，也就是由公安系统掌控的治安管理和打击犯罪类视频监控，并且早在2017年就部署了2000多万个此类摄像头。天网工程的核心是"动态人脸识别技术"，也就是说，一个人路过摄像头的时候可以被捕捉人脸图像并进行数据库比对,瞬间就能被确认身份。天网工程之后,我国还推动了"雪亮工程",将安防范围延伸到了县区和乡镇,基本实现了全域覆盖。

我国的天网工程是目前世界上最大也是最复杂的视频监控网络,能够准确识别40种人脸特征,可实现每秒30亿次比对,相当于在1秒钟内把全国人民的脸全部筛选一遍,筛遍全世界也只不过是2秒钟的事。这套动态人脸识别系统的准确率非常高,1:1识别准确率在99.8%以上,而人类肉眼的识别准确率仅为97.52%。英国BBC记者曾经测试过贵阳的天网工程,手机拍摄一张面部照片后,这名记者开始以变换服装、戴口罩、藏匿行踪等方式"潜逃",费了九牛二虎之力却被贵阳警方在7分钟内"捉拿归案"。

每台视频监控设备都是一台大数据发动机。通常来讲,一台720×576分辨率、变化运动率为70%的视频监控设备,每秒钟产生的数据量约为0.25MB,一天产生的数据量为21.1GB。可以说,视频监控领域制造出了巨大的数据量,以至于保存起来非常麻烦,所以通行的做法是保存15天的数据。之所以保存15天,还有一个非常重要的原因是目前视频监控的数据关联不够,仅仅有监控结果的记录,在后续的分析利用上还没有特别深入。但这将很快迎来转机。根据"十三五"规划,我国明确要求到2020年,全国重点公共区域视频监控联网率达到100%，重点行业、领域涉及公共区域视频图像资源联网率达到100%。这两个100%意味着，我们即将形成真正意义上的"视频联网"，有了这个资源共享基础，视频数据的价值就完全不一样了。一是基于联网数据，可以形成观测对象的详细轨迹，"分分钟于万人大军中取上将首级"。二是可以通过机器学习来预测和验证观测对象的下一步行动。最重要的是，可以将视频数据与各类数据集整合分析，这样就能对任何观测对象进行精准画像和行为预测。

毫无疑问，这一联网操作将把视频监控领域打造成中国乃至世界上最大的物联网平台。从此，我们将彻底生活在"数据之光"的照耀之下。如果说电力的出现让地球变成了"不夜天"的话，那么数据正在让全世界成为"无秘之地"，我们将不得不在数据之光的照耀下一路裸奔！

人脸识别"四小龙"

如果说以海康威视、大华为代表的安防企业主要通过部署安防摄像头等基础设施来采集数据并具备运算智能应用能力的话，那么旷视科技、商汤科技、依图科技、云从科技这四家原生智能企业的着眼点就是，牵引安防领域迈入感知智能时代。以上四家智能企业并称为中国人工智能"四小龙"，成立时间都不长，发展却极其迅猛，融资规模相当令人震惊，估值一路飞升。四家企业全都瞄准安防领域的人工智能解决方案。

"四小龙"进入安防领域的核心技术都是人脸识别，根据这些公司的公开报道，它们在人脸识别上的准确率都在99%以上。在解决了准确率的基础上，这些公司又在沿着不同的技术方向深耕，一是强化"动态人脸识别能力"；二是强化全场景或特征缺失情景下的人脸识别能力；三是匹配多源异构数据，增强由"认脸"到"辨人"的能力。应该说，正是我国在安防领域的强劲需求，才造就了"四小龙"的业务基础。

当然，不同的公司在侧重点上有所不同。商汤科技的投入方向是构建云计算平台，相当于京东和亚马逊早期巨资打造物流体系，AI计算平台的搭建会为未来的业务场景垂直奠定坚实的基础。旷视科技更加强调技术原创性，这家公司的创始团队成员系出名门，技术开发和原创能力在"四小龙"当中首屈一指。依图科技在面向C端客户的图像处理和优化方面做得比较好，"图像+语音"双线推进并布局AI芯片，在理解终端用户体验方面走在前列，重度开拓医疗行业。云从科技号称人工智能的国家队，是诞生于中国科学院体系的创业公司，正式成立时间最短，但在除安防之外的金融行业成绩卓著，具备国家政策优势。

美国国家标准与技术研究院（NIST）2018年11月公布的

全球人脸识别算法测试（FRVT）结果显示，中国在人脸识别算法方面处于领先地位。在本次算法竞赛中，位于上海的依图科技公司提交的两项算法排名第一和第二，在千万分之一误报下的识别准确率超过99%。中国商汤科技提交的两个算法夺得了竞赛的第三和第四名。中国科学院深圳先进技术研究院排名第五，中国另一家人工智能企业旷视科技位列第八。排名第六和第七的是来自俄罗斯的科技公司Ntechlab。另一家俄罗斯公司、老牌安防企业Vocord位居第九，其第二套算法排名第十三。Vocord在2019年6月被华为公司以5000万美元的价格收购，其人脸识别开发团队和相关技术专利已经归华为公司所有。美国公司Everai提交的算法在本次竞赛中排名第十，排名第十一的也是一家来自俄罗斯的公司Visionlabs。本次算法竞赛共有39家全球顶级人工智能厂商参加，中国人工智能公司提交的算法包揽了前五名，在排名前十的算法里，中国公司占据了六个席位，俄罗斯三个，美国仅一个。[1]

从数据储备到算法优化再到智能联网，机器在"会看"这个领域屡屡突破，已经展现出了很强的应用潜力，智能经济的另一个表现形态——视觉经济——得以成型。

---

[1] 关于本次算法大赛的详细排名，请参见 https://www.nist.gov/programs-projects/face-recognition-vendor-test-frvt-ongoing。

认知智能

认知智能的标志是实时决策。1997年深蓝打败卡斯帕罗夫以后,虽然在全球引起了有关人工智能的热烈讨论,但其背后的暴力计算逻辑也很快为世人所知。原来,计算机之所以能够战胜人类高手,是因为国际象棋的走法是可以穷尽的,也就是能够被计算机"算尽"。只要是可以被算尽,那么计算能力的增长就可以应对。接下来的问题是,如果算不尽呢?计算机还能行吗?

围棋大师终结者

起源于中国的围棋是棋类游戏的鼻祖,相传是距今4000多年前的尧发明的,古代称之为"弈"。先秦典籍《世本》中有记载,"尧造围棋,丹朱善之"。说的是,尧帝发明了围棋,教会了儿子丹朱,而丹朱很擅长下围棋。1964年版的《大英百科全书》也采纳了这一说法,将围棋的发明时间确定为公元前2356年。围棋只有黑和白两种颜色的棋子,棋盘上总共有19×19也就是361个落子点。围棋的规则比较简单,但围棋所能演化出来的下法却是天文数字。理论上讲,围棋的合法棋局数总共有10的170次方,而整个宇宙可观测到的原子的数量大概在10的78次方到10的82次方之间。所以,围

第二章 智联网

棋所能演化出来的棋局数量比整个宇宙里面的原子都多出太多！可以说，人类花了4000多年的时间，真正掌握的围棋棋局数只能算是沧海一粟。由此来看，围棋是"算不尽的"，即便能够穷尽棋局数量，也不能像国际象棋那样算出胜率。长久以来，人们都把围棋当作最复杂的智力游戏，认为计算机对此无能为力。

到了2016年，英国伦敦的一家公司——DeepMind科技[1]——成功开发了一套专门用来下围棋的人工智能系统，名字叫阿尔法狗（AlphaGo）。这套系统只训练了三年的时间，就来挑战当时人类顶尖的棋手李世石。阿尔法狗和李世石一共对弈了5盘棋，比分是4比1，而这个"1"，是李世石代表全人类唯一赢得的一局，之后再无人类棋手赢过阿尔法狗哪怕一局。[2]打败了李世石之后，阿尔法狗继续进化，2017年年初，阿尔法狗"大师版"在线上同时与中日韩三国的数十位围棋高手进行快棋对决，创下了连赢60局的不败战绩。2017年5月，阿尔法狗在中国乌镇挑战当时世界排名第一的棋手柯洁，

---

[1] 2014年，该公司被谷歌以30亿美元收购。对阿尔法狗的训练，谷歌公司提供了关键性的数据和算法支持。

[2] 2019年11月19日，36岁的李世石九段正式宣布退役，结束了其24年波澜壮阔的职业棋手生涯。在输给阿尔法狗之后，李世石曾表示："这只是我个人的失败，而不是人类的失败。"

这场三番棋大战的结果是阿尔法狗以3比0完胜。连输两局之后的柯洁当天彻夜失眠，琢磨如何挽回一局，在第三局比赛开始后，眼看大势已去，柯洁近乎崩溃，离场20分钟大声哭泣，反复自言自语说"我赢不了"。这是一位顶尖棋手在面对冷冰冰的人工智能系统时的绝望。

如果把围棋所有的棋局比作一片海，我们人类经过几千年的认知之后，掌握的围棋棋局只相当于一碗水的量。计算机也没有掌握整片海，它掌握的可能是一盆水的量，但要命的问题是，计算机的这一盆水和我们人类掌握的这一碗水不在同一个海域。所以，很多时候阿尔法狗的棋子布局方法人类根本就不熟悉，因为这些下法根本就不在我们的认知空间之内。

我们有理由相信，一旦被机器打败，人类就再也没有翻身的机会了。你不可能期待过了一段时间，人类又出现一位神童，反过来打败阿尔法狗，因为机器的进化是神速的。过了一年多的时间，DeepMind公司于2017年10月推出了阿尔法狗的进化版本——阿尔法元（AlphaGo Zero）。阿尔法元只训练了3天，就来挑战阿尔法狗的李世石版本（AlphaGo Lee，跟李世石对弈的版本），结果两套系统一共下了100盘围棋，比分是100比0，阿尔法狗一盘都没有赢。又经过40天的训练，阿尔法元最终打败了阿尔法狗的大师版。更为重要的是，阿尔法元的训练没有任何人类棋谱的输入，相当于从一张白纸开始，阿尔法元只用了3天，就无师自通地成了围棋高手。难怪柯洁在看到阿尔法元的新闻之后，情不自禁地感叹"人类已多余"。

这还不算完，阿尔法元在掌握了围棋之后，仅用了4个小时就掌握了国际象棋。阿尔法元在4个小时之内就与自身进行了500万场国际象棋的对决，继而获得的对国际象棋的理解水平超过了人类1400年积累的知识总和，然后轻松击败了国际象棋程序"Stockfish"。后者是一款由世界顶级工程师花费10年时间打造的、拥有最完美的棋局库和计算几百万种走法与精确选择落子能力的人工智能算法。要知道，深蓝会下国际象棋，但不会下围棋，而阿尔法元不但会下围棋，还能反过来搞定国际象棋。更进一步，DeepMind公司发表在2019年10月《自然》杂志上的文章显示，该公司开发的AI游戏程序——AlphaStar——在即时战略游戏《星际争霸2》中的表现已经达到了大师级水平，也就是说，超过了99.8%的人类玩家。[1] 尽管还有0.2%的人类玩家可以打败AlphaStar，但鉴于智能系统的进化速度，大家普遍认为AlphaStar系统完全打败人类只是个时间问题。

---

[1] Oriol Vinyals et al., Grandmaster level in StarCraft II using multi-agent reinforcement learning, *Nature*, 2019, Vol（575）：350-354.

算力与算法

　　计算机是如何获得如此强大的认知能力的呢？原因有二，一是计算能力的提高，也就是算力提升；二是算法的优化。

　　衡量计算机的性能，我们通常采用"每秒浮点运算次数"（FLOPS）指标，意思是指计算机平均每秒钟能够完成的带小数点的加减乘除运算的次数。当年打败卡斯帕罗夫的深蓝计算机，其性能是11.38GFLOPS，相当于在一秒钟的时间里可以进行113.8亿次带小数点的四则运算，看上去已经相当厉害了。但别忘了，计算机的性能是由"摩尔定律"支配的，每过18个月，计算机的处理能力就会翻倍，所以计算机性能的提升是非常迅速的。早在2006年，英特尔推出的第一代酷睿2处理器，就已经稳稳地超过深蓝的性能了。如今，一款普通的显卡上集成的计算能力就已经超过700GFLOPS了，再加上中央处理器（CPU）本身具有的性能，意味着你现在手上一台普通笔记本电脑的性能可以超过很多台深蓝组成的计算机集群。我之前去山西吕梁参观过我国的"天河二号"超级计算机，性能可以达到33.86PFLOPS，是深蓝的30万倍。DeepMind发表在《自然》杂志上的论文介绍，训练阿尔法狗的单机版计算机装有48个CPU和8个图形处理器（GPU），而跟李世石对阵时采用了云计算模式，谷歌把阿尔法狗接入到包含1202个CPU和176个GPU组成的网络中，外加100多台加速卡，这让阿尔法狗的计算能力达到了3.386PFLOPS，是深蓝的3万倍。

算力的急剧提升为阿尔法狗打败人类棋手奠定了坚实的计算基础，但这并非制胜的全部，更重要的是算法的优化。根据脸书公司"黑暗森林"围棋开发者田渊栋的解析，阿尔法狗使用了深度神经网络，其背后的技术主要有四项：（1）策略网络（policy network），给定当前棋局，预测并采样下一步走法；（2）快速走子（fast rollout），目标和策略网络一样，但在适当牺牲走棋质量的条件下，速度要比策略网络快1000倍；（3）价值网络（value network），给定当前局面，估计是白胜概率大还是黑胜概率大；（4）蒙特卡洛树搜索（Monte Carlo Tree Search），用以把以上三个部分连起来，形成一个完整的系统。[1]

相比于阿尔法狗，阿尔法元则使用了新的强化学习算法，从而让自己变成了自己的老师。系统一开始甚至并不知道什么是围棋，只是从单一神经网络开始，通过神经网络强大的搜索算法，进行了自我对弈。随着自我博弈的增加，神经网络逐渐调整，提升预测下一步的能力，最终赢得比赛。更为厉害的是，随着训练的深入，阿尔法元还独立发现了游戏规则，并走出了新策略，为围棋这项古老游戏带来了新的见解。

---

[1] 参见公众号"新智元"对田渊栋的采访文章：《田渊栋：我怎么看AlphaGo？》。

在阿尔法狗的算法中,策略网络和价值网络是分开并行的,策略网络负责选择下一步棋的走法,而价值网络负责预测每一步棋下完以后的可能赢家。而在阿尔法元中,这两个网络合二为一,从而可以更加高效地训练和评估。此外,阿尔法元还摒弃了快速走子的方法,转而依靠高质量的神经网络来评估下棋的局势。这种强化学习算法为不依赖于人类经验和知识的人工智能创建打开了一扇大门。正如美国《科学》(*Science*)杂志在2018年12月刊上评价的那样:"能够解决多个复杂问题的单一算法,是创建通用机器学习系统,解决实际问题的重要一步。"[1]

决策引擎

如果说阿尔法元为我们展现了机器是如何不依赖于人的经验而获取智能的途径的话,那么IBM公司推动的认知计算系统——沃森(Watson)——则是快速利用人类既有经验和知识的典范,旨在通过理解、推理和学习来帮助决策者从浩瀚的非结构化数据中揭示非凡的洞察结果。沃森的名字来源于IBM的创始人托马斯·沃森(Thomas J. Watson),是继深蓝之后IBM

---

[1] David Silver, Thomas Hubert, and Julian Schrittwieser et al., A general reinforcement learning algorithm that masters chess, shogi, and Go through self-play, *Science*, 2018, Vol.362, Issue 6419, pp. 1140–1144.

推出的最重要的人工智能系统。2011年2月,"沃森"参加了美国的一档综艺节目《危险边缘》(Jeopardy!),目的是测试沃森的认知计算能力,这也是这档1964年开播的老牌综艺节目第一次进行人机对决。经过前两轮的苦战,在最后一轮中,沃森战胜了最高奖金得主布拉德·鲁特尔(Brad Rutter)和连胜纪录保持者肯·詹宁斯(Ken Jennings),赢得100万美元奖金。随后,IBM把奖金捐给了慈善机构。参加这档智力竞赛的沃森是没有联入互联网的单机系统,仅仅依靠容量为4TB、含有200万页结构化和非结构信息的知识库就取得了胜利,展现出对现有知识和信息的强大洞察能力。

随着沃森的成熟,IBM开始着手将沃森平台化,具体做法是基于沃森构建不同的垂直情境,每个情境下都可提供用于解决特定商用问题的AI接口。沃森已经作为一个独立的品牌开展业务,并在医疗、交通、零售、环保、能源等领域取得了不俗的市场业绩。然后通过并购联合等方式确立垂直情境数据资产,虽然IBM在数据体量上逊于谷歌,但它通过大规模收购特定行业数据来予以弥补,这种方式让IBM拥有了非常多元化的特定领域数据,有利于其在特定情境下率先通过认知计算实现盈利。与此同时,行业客户还会不断将自己的企业数据输入沃森系统进行训练,进一步推动了沃森的进化。IBM的战略保证了短时间内在垂直情境中的数据汇集,迅速构造垂直情境,从而实现情境突破。

接下来,IBM聚焦垂直情境中的重大问题并产生"十倍速效应"。例如,在医疗领域,沃森的战略是深度聚焦肿瘤诊断,快速实现十倍速效应,然后扩展使用场景。2011—2013年,沃森扫描数亿篇医学文章,消化吸收了25 000多个医疗案例,之后开始向癌症诊断宣战,沃森能够在3分钟内完成人工基因测序分析及其他癌症诊断,比人工效率高出30倍以上,还能在10分钟内确诊人类罕见的白血病。之后IBM乘势推出沃森健康(Watson Health)服务,开始面向健康领域推广服务,并依靠并购与合作的方式在认知医疗领域站稳脚跟。

相比于人工而言,沃森的优势在于,第一是能够快速掌握前沿医学知识,人类医生需要耗费大量时间阅读的研究论文,沃森可以在短时间内完成;第二是沃森可以在数百万的专利中快速搜索,一边诊断一边学习,这样得出的诊断准确率大幅提升;第三是沃森不会疲劳,更不会因为情绪波动影响诊断结果。

垂直情境实现重大突破之后,IBM通过开源构建以沃森为中心的AI生态系统。例如,2015年11月,IBM开源了人工智能基础平台SystemML,支持描述性分析、分类、聚类、回归、矩阵分解、生存分析等算法。沃森在整合这个开源平台的诸多功能之后,同时依托认知能力,就有机会挑战从前无法完成的任务。"智能+"成为IBM的生态指引，通过沃森的认知技术，商业进入了全新的认知商业时代，产业格局被重塑。

2017年10月，我有幸参访IBM位于旧金山福斯特市的办公室，与IBM的科学家凌棕博士交流。谈到沃森系统时，凌棕博士告诉我，沃森当时已经具备在1秒钟里处理500G数据的能力，相当于1秒钟可以阅读100万本书。这种超强的认知学习能力将会洞穿人类所有的经验和知识，使之重新焕发出价值。在沃森的辅助下，每个人的任何一项决策就有了全人类既有知识和经验的实时辅助。

从依赖人类经验和知识的认知智能（阿尔法狗）到不依赖于人类经验的认知智能（阿尔法元），再到大规模利用所有经验和知识的认知智能（沃森），智能已经成为一种全新的"产业能"，以至于所有的产业都值得在智能时代重做一遍。

自动驾驶

要说智能产业的具体应用场景，可能我们单独写一本书都不一定说得完。在这里，我们只选择一个应用场景，这个场景综合运用了运算智能、感知智能和认知智能，即当前人工智能领域最为复杂的应用场景——自动驾驶。

说到自动驾驶，在很多人眼里就是"不用人开的车"，就跟当年刚有汽车的时候，人们仅仅把汽车看成是"不用马拉的马车"一样。如今已经没有人会把汽车当成是马车的一种了，所以把自动驾驶理解为"不用人开的车"是极其狭隘的。到底怎么理解自动驾驶呢？这个问题在四年前就有中央电视台的记者向我提出过，我的答案是：自动驾驶是一套流动服务系统。

让我们先来看看两家代表公司的做法，第一家公司是老牌家具家居用品商宜家（IKEA）。创立于1943年、总部位于瑞典的宜家家居已经成为全球最大的家具家居用品企业，这家企业向来追求灵活可支配的居住空间设计。而今，宜家已经把眼光瞄向了一种新的空间——移动空间。

2018年9月，宜家旗下的"未来生活实验室"（SPACE 10）发布了7款自动驾驶汽车的概念设计，展示了宜家对"车轮上的空间"的改造理念。宜家认为，一旦空间可以自己移动，它就不仅仅是交通工具，而是一种可以个性化定制的空间，这会让我们从枯燥的驾驶中解放出来，打造更加有趣的生活方式。

宜家的自动驾驶概念主要是把过去在固定空间中的生活搬到轮子上，从而形成了一种全新的工作、家居和医疗理念。一是"移动办公室"，当我们无须操心路况交通的时候，一辆自动驾驶的汽车可以让我们的通勤空间变身为工作会议室甚至健身房；二是"移动咖啡厅"，人们可以在喝着咖啡社交的过程中，实现空间上的大挪移；三是"移动医院"，类似于四处移动的医疗救护车，让每个人都能快速获得所需的医疗服务；四是"移动农场"，蔬菜瓜果种在一辆移动的平台上而非过去我们熟悉的无法移动的土地，让用户随时享受到采摘蔬菜瓜果的乐趣；五是"移动影院"，借助增强现实技术，人们一边交通一边观看大片；六是"移动酒店"，相当于无人驾驶的房车，一路睡着来到你身边；七是"移动商店"，各种专卖店和零售终端招之即来挥之即去。

总之，宜家向我们展示的是一套或多套流动服务系统。[1]

第二家公司是丰田汽车。在2018年1月的美国拉斯维加斯消费电子展（Consumer Electronics Show，CES）上，丰田汽车展出了自己的出行服务系统，宣称丰田将全面由汽车制造商转型为出行服务提供商。丰田的自动驾驶系统是一款搭载了自动驾驶模块的概念车——移动盒子e-Palette。丰田e-Palette不是一款具体的车型，而是一个可以在底盘上承载不同车厢的移动平台，它提供从4米到7米不同尺寸的行驶底座，可以根据不同的使用场景搭载不同的车厢。这款移动中的盒子可以轻松转变为餐厅、医院、酒店、店铺等不同的场景，

---

[1] 关于宜家对未来生活场景的视频展示，可参见未来生活实验室网站：https://www.space10.io。

还可以多个车辆自由组合，覆盖更为复杂的综合使用场景。甚至，我们可以设想多辆汽车能够瞬间组合出一座购物中心，也可以瞬间解散成单个服务单元。e-Palette底座的兼容性十分强大，可以在需要时快速变换搭载的车厢，灵活满足乘用、物流、交通疏导等多样化用途。这种自由链接的方式保证了丰田正在提供一种全新的移动服务系统。

除了灵活通用，e-Palette的运行依托于丰田开发的移动服务平台（Mobility Service Platform，MSPF），并搭载丰田的高级辅助驾驶系统"Guardian"，在方便用户使用的同时，也便于车辆的整体管理和调度。灵活多变的模块化设计和高度智能的辅助驾驶系统，让丰田e-Palette具备了"一车多用"功能。早高峰的时候，它为上班族提供通勤服务；早高峰过后，它就变身为一台物流配送车，运送货物；午间的时候，它又会变成移动厨房，不但提供食物加工空间，还能自动送餐上门。车厢和移动平台的相互分离与重新结合，让我们只需要一种汽车，就可以满足几乎所有的用车需求。

两年之后，在2020年的消费电子展上，丰田汽车的自动驾驶理念又一次进化。这次，丰田想要打造一座"织慧城市"（Woven City）。具体来讲，丰田打算在日本静冈县裾野市建设一座未来出行示范城市。这座织慧城市占地约71万平方米，将在丰田汽车东富士工厂关闭后开工兴建，初期将拥有2000

名"市民"，包括丰田的员工、员工家属、退休员工、商业和生活配套人员以及科学家和行业合作伙伴等。在织慧之城里，电力将由氢燃料电池供应，建筑屋顶的太阳能电池也会提供一部分能源；道路只提供给自动驾驶汽车和零排放的汽车使用，丰田的e-Palette将成为织慧之城的主要交通工具；物流运输和包裹寄送主要由机器人来完成；织慧之城里所有的人、车、建筑物和其他设施全部通过网络互联。丰田总裁兼首席执行官丰田章男表示，织慧之城不仅是他个人的梦想，也代表丰田转型成为移动出行服务商的决心。[1]

这两家公司的实践案例预示着，自动驾驶正在把人类社会打造成"流动服务系统"。未来一切都会流动起来，尤其是现在固定在一个地方的各种服务设施。以后，就没有汽车这个概念了，汽车厂商造出来的也不再是汽车，而是流动服务终端。人们的生活将会在一个又一个的流动服务端口之间跳转，时间和空间不断进行多维变换。过去，我们一个时间段只能处在一个空间里，未来我们将会在不同的空间中来回跳跃，犹如时空穿梭，整个社会将变身为时空交错的"流体"。

需要指出的是，虽然这种自动驾驶驱动的社会给了人们

---

[1] 关于丰田织慧城市的介绍和视频宣传片，可参见丰田官网：https://global.toyota/en/newsroom/corporate/31221914.html?_ga=2.76570453.1113584273.1581568153-900631596.1581568153。

移动的自由,但同时也给了人们留守的自由。我们既可以借助流动服务系统不断漂移,也可以让流动服务系统以"我"为中心展开服务,想动就动,想宅能宅。自动驾驶把人们对空间的利用推向一个全新的高度,但仅限于二维空间或者地面生活。如今,无人机和航天飞机的研发正在狂飙突进,增加一个垂直维度的自由之后,又将怎样重塑流动服务系统呢?让我们拭目以待!

第三章　信联网

2008年11月1日，一位名叫中本聪的人在密码学网站（metzdowd.com）上发表了一篇引起全世界注意的论文，题目是《比特币：一种点对点式的电子现金系统》。在这篇文章中，中本聪描述了一种被他称为"比特币"的电子货币及其算法。两个月后的2009年1月3日，中本聪发布了首个比特币软件，正式启动了比特币金融系统，一直运行至今。

中本聪的这篇论文和随后的比特币软件系统给全世界的人开了一个大大的脑洞——原来个人也能发行货币！应该说，这个脑洞开得实在是太大，完全颠覆了人们过去对货币和金融体系的认知。长期以来，货币发行权都是牢牢掌控在政府和强力机构手里的，只有这些机构才能为货币发行的信用背书。而作为个人，即便再聪明，那也不是可以为一种货币提供足够信用储备的机构。换个角度来看，既然中本聪可以发行比特币，那岂不是其他人也可以仿照他的做法发行数字货币吗？基于此，很多人嗅到了比特币背后的巨大商机。全球范围内，很多人和公司开始行动起来，各种数字加密货币雨后春笋一般涌现出来。

中国人对技术的发展一向嗅觉灵敏，再加上巨大的暴富机会，让很多人蠢蠢欲动，市场上出现了五花八门的数字加密货币，不少不知道从哪里冒出来的所谓专家和成功人士不断进行舆论造势，给人一种黄金造富时代马上就要降临的感觉。可是如果你仔细研究这些个人和机构发布的"白皮书"（发布数字加密货币的说明书），一眼就能发现，它们基本上大同小异，里面充斥着对未来市场不切实际的看法，充斥着一堆你看不懂的代码，还有很多你闻所未闻的专业名词。甚至网上有人专门提供定制白皮书服务，花几千块钱就可以编造一个币种、找个数字货币交易所发行一种数字货币。

其实，按照中本聪的做法发布一种数字加密货币，在技术上并不难，难的是如何让这个货币流通起来。但早期的数字加密货币跟线下的实体经济之间没有转换接口，也就是不能用数字加密货币直接用于线下购买。这样一来，如果你发行了一种数字货币，就必须通过数字货币在线上的流通来保持价值，在提高数字货币的换手率上下功夫。怎样才能提高数字货币的换手率呢？国内外的一些发币机构想到了一个"绝佳"的办法，那就是跟线下的传销组织结合，由传销组织拉人头到线上的微信群或其他平台，诱导其投资空壳公司，然后完成一轮数字货币换手。接下来，已经持有数字货币的人只能通过发展下线才能将手里的数字货币变现，随着又一拨人被发展成功，数字货币就完成了第二轮换手。以此类推。这种击鼓传花式的炒作，注定是无法长久的，等到这个游戏实在玩不下去的时候，最后进来的那一拨人就成了"接盘侠"。这一操作手法在业内被戏称为"割韭菜"。根据区块链分析公司Chainalysis发布的《2020年加密货币犯罪报告》，2019年最大规模的加密货币诈骗是PlusToken，总共吸引了300多万人参与，大部分用户来自中国、韩国和日本，涉及诈骗金额为20亿美元。[1]这已经跟中本聪把比特币作为数字现金的理念完全没有关系了。

数字现金

在提出比特币的那篇论文里，中本聪开宗明义地指出了"数字现金"，强调比特币是数字现金系统，而这个概念才是

---

[1] 迈克·奥克特：《数百万人陷入加密货币庞氏骗局》，载《麻省理工科技评论》，2020年2月上半月。

理解比特币的核心。为什么数字现金是个重要的事情呢？因为在比特币之前，我们虽然也在网上付款购买东西，但却从来没有真正"花过钱"。

过去的网上支付，实质上是一种记账过程，而非花钱。在比特币出现以前，我们是无法真正在网上花钱的，因为过去的数字货币解决不了"双花"的问题。所谓双花，是指一笔钱被花了两次或两次以上。在线上，一笔钱就是一段数据，而我们知道，数据是非常容易被复制的。本质上，我们借助互联网进行的数据和信息传输，大多数时候只是复制粘贴的过程。就好比你给你的朋友发了一封电子邮件，你的朋友因为收到你的邮件而多了一份数据或信息，但这份数据或信息在你的本地仍然原封不动地保留了下来，你可以再把同样的邮件发给其他很多人。把邮件内容类比到数字货币，就会产生双花的问题，也叫双重支付，一笔传统的数字货币不可避免地会被多次花费而不会受到惩罚。

所以，传统上的网上支付为了避免双花的问题，采用的都是记账的方式。如果你向你的朋友付了一笔钱，那么类似于支付宝和微信支付这样的平台就会在你的账户上核减相应的数字，同时在你朋友的账户上核增同样的数字，这样你和你的朋友就完成了一次支付过程。问题是，既然网上支付就是记账，而记账就要避免赖账，所以网上支付必须要有个第三方平台作

第三章　信联网

为信用担保机构，以免出现相互赖账的情况。既然需要第三方来为我们记账，那么我们在线上的所有交易信息就全部被第三方平台掌握了。可以说，这是非常危险的事情。一则我们不能保证这些第三方平台获取了我们的数据之后会不会用于我们不希望的用途，毕竟这些平台也都是盈利机构，在盈利和保护用户隐私之间，显然用户是处在弱势的一边；二则我们也不能保证这些平台不会被黑客攻陷，从而使得我们的隐私信息泄露，毕竟已经发生过很多起数据失窃事件，就连强大如脸书这样的公司都不能做到万无一失。一句话，第三方平台解决了网上支付的信用问题，但却带来了巨大的数据泄露隐患。[1]

不管怎样讲，网上支付并不是真正的花钱。我们真正花钱是这样的场景：你去菜市场买菜，给菜农50块钱，菜农给你价值50元的蔬菜，一手交钱，一手交货。这个过程并不需要第三方信用担保，你手里的人民币现金本身就是信用。这种花现金的方式具有天然的私密性，买卖双方你知我知。这样的场景才是真正意义上的花钱。中本聪要解决的就是在网

---

[1] 2018年3月，脸书数据泄露丑闻爆发，一家名叫剑桥咨询（SCL/Cambridge Analytical）的数据分析公司利用脸书平台数据共享漏洞，致使脸书上5000万用户数据泄露，并在用户不知情的情况下将数据用于政治目的，涉及脸书美国活跃用户数的三分之一、美国选民人数的四分之一，被媒体认定为史上最大规模的数据泄露事件。2019年12月，脸书再次发生数据泄露事故，波及用户高达2.67亿人。

上花钱的问题，要做到网上支付跟线下花现金一样的效果：无须第三方担保，就能完成点对点付款。所以，中本聪将比特币称作是"一种点对点的数字现金系统"。

区块链技术

支撑中本聪数字现金系统的底层技术是区块链。所谓区块链，通俗来讲就是一套基于分布式网络的共享账本系统。这个定义看起来十分简单，但其背后的含义却相对比较深奥，这也是很多人面对区块链容易蒙圈的原因。在下面的章节中，我尽可能以比较通俗的语言来把区块链背后的逻辑和原理说清楚，原谅我忽略那些云里雾里的专业名词，毕竟本书更感兴趣的是区块链如何赋能经济创新。

要理解区块链，我们先要把两个关键概念搞清楚，一个是分布式网络[1]，另外一个就是共享账本。

分布式思想

我们先来看分布式网络。直到现在，互联网的底层仍然是分布式网络。要说中本聪的点对点现金系统有什么思想根

---

[1] 有关分布式网络的详细内容，可参见[英]乔治·赖安：《离心力：互联网历史与数字化未来》，段铁铮译，北京，电子工业出版社，2018。

源的话，我认为在网络结构上，他完美继承了分布式网络的基本思想。而要说到分布式网络，就不得不提起很多年前的一段故事，正是这段故事奠定了互联网及后来数字技术崛起的基础。

1953年，苏联的氢弹实验率先获得成功，对美国产生了极大的战略威胁。虽然第二年美国的氢弹试验也取得了成功，但一个至关重要的问题开始浮出水面，美国或者苏联怎样才能防范住对方的核打击？这个问题引起了兰德公司（RAND Corporation，美国著名的军事战略智库）一名工程师保罗·巴兰（Paul Baran）的关注。

在巴兰看来，避免核战争的关键不在于核武器的数量和大小，因为核武器的毁灭力量实在是太大，远非常规武器可比。所以，避免核战的重点是形成有效的核威慑，而不是真正的核战争。想要形成有效的核威慑，关键是发生核战之后的生存能力，也就是抵御第一拨攻击并随后发起反击的能力。就像打拳击，只要对手一拳打不死你，你就有能力一拳打死他，那对方就不敢打你。所以，最重要的是增强自己扛住对方第一拳的能力。

如何才能提升核攻击的生存能力呢？巴兰认为，信息通信能力是第一要务。理由是，如果信息通信能力在第一拨攻击中就被摧毁的话，那么美国就失去了组织有效反击的指挥系统,以及引导导弹精确制导的信号系统,当然也就丧失了生存能力。而当时美国的通信系统都是集中部署的,很容易被敌方发现并在第一拨攻击的时候优先予以摧毁。这样看来,是否具备生存能力,首先取决于是否拥有"耐打"的通信系统。而传统的电话通信系统之所以脆弱,根源在于中心节点,也就是"总机"的存在。因此,若要提高通信系统的抗风险能力,就必须将通信资源"分布式部署"。于是,分布式网络的想法就此诞生了。

然而,想法归想法,想要让分布式网络真正落地,却远不是巴兰这样的工程师可以推动的。虽然巴兰把分布式网络的想法推荐给了美国空军,美国空军也愿意采纳这个想法并建立这样的网络,可是国防部却认为应该由自己下属的通信署来干这件事,并且建成后所有的分支机构都能使用。各种官僚机构的扯皮让巴兰意识到,政府机关既没有意愿也没有能力来部署这样一种网络。失望之余,巴兰又转而寻求商业机构的帮助,他把分布式网络的想法推荐给了当时最有能力做这件事的美国电报电话公司(AT&T)。不料,这家传统电信巨头直接拒绝了这一提议,因为部署这样的网络简直就是革自己的命。经历了几番周折,巴兰都没能推动分布式网络的部署,这让他下定决心将分布式网络的想法公布给全世界。

1964年,巴兰整理完成了一份报告,题目是"论分布式通信系统",并且坚持不把报告列为机密文件,以便能被更多的机构读到,甚至他本人希望最好苏联能先搞出来,这样才能更好地刺激美国人加速部署这一网络[这跟天秤座数字货币（Libra）的玩法多像,扎克伯格（Mark Zuckerberg）的理念跟巴兰简直如出一辙]。几年后,巴兰的报告引起了时任美国国防部高级研究计划署信息处理办公室主任拉里·罗伯茨（Larry Roberts）的注意。这位身居高位的官员同时是一位不折不扣的科学家,本硕博均就读于麻省理工学院（MIT）,毕业后留校,是MIT林肯实验室的高级研究员,开发了最早的电脑操作系统。罗伯茨的战略眼光碰上了巴兰的卓越思想,再加上高级研究计划署独有的政治资源,让美国国会顺利批准了建立分布式网络的项目预算。

虽然巴兰提出的分布式通信系统在网络层面为互联网做好了思想准备,然而如何能够让互联网真正变得可用,还需要更加深入的研究。巴兰的目标不仅仅是在物理层面上解决通信网络的安全性问题,他还追求如何在实用层面上让这张分布式网络真正运行起来。

1876年,亚历山大·格雷厄姆·贝尔（Alexander Graham Bell）发明了电话之后,最开始的电话通信是通过一对一直连的方式完成的。但当接入网络的电话（N）越来越多的时候,直连方式所需的电话线太多[$N \times (N-1)/2$条],以至于根本就不经济，交换的概念就产生了。简单讲，就是设立"交换机"这个中心节点，所有电话都只跟交换机相连，由此，N部电话只需要N条通向交换机的电话线就能做到两两联通。此后，虽然电话交换技术不断演进，但总体的辐射型网络结构始终没变，只是对交换机制进行了各种技术迭代而已，这也是传统电话之所以会显得"脆弱"的原因。中心交换机的存在虽然提高了通信效率，但也降低了通信网的抗风险能力。巴兰提出的分布式网络是在网络结构层面从根本上去变革网络构型，去掉中心节点，进而提升整个网络的抗"击打"能力。

既然网络结构变了，那就需要重新思考信息传递机制，也就是信息的发送和接收路径。在传统的电话网络中，任何两个人想要通话，都只需要两步就可以做到，第一步是拨通总机，第二步是找到对端号码。但在一张分布式网络中，大部分的通信行为需要多于两步才能建立。显然，倘若不加改变，分布式网络将是非常低效的通信网。提升了安全性，但牺牲了效率。能否两者兼得呢？关于这个问题，巴兰在思考分布式网络的同时就已经在着手解决了。我曾查阅兰德公司网站的保罗·巴兰主页，20世纪60年代，巴兰相关主题的研究报告共有10篇之多，并且在研究报告里详细阐述了一种完全不同于传统电信网的交换方式，这就是非常著名的"分组交换技术"，又称包交换技术。简言之，就是将用户传送的数据划

第三章 信联网

分成一定的长度，形成一个又一个的分组/包，每个分组前面有一个分组头，用于指明该分组发往的地址，然后由交换机根据不同分组的地址发往目的地，到达目的地之后再去掉分组头，按顺序把各个分组组合成完整的数据予以呈现。说白了，就是把要传输的数据先分解再传输，最后组装。

分组交换的关键之处在于：一是可以对传输线路进行复用，从而大幅度提升网络传输效率；二是很好地解决了传输时延问题，相比电路交换的时间延迟有了很大提升；三是传输更安全，如果某个分组的传输出现问题，还可以重新再传；四是让分布式网络从一开始就成为数据交换网络，这为以后通信技术和互联网技术的融合[也就是信息与通信技术（ICT）]奠定了坚实的基础。巴兰的分组交换思想堪称天才般的创意。然而，无独有偶，几乎在同一时间，英国国家物理实验室（NPL）的唐纳德·戴维斯（Donald Davies）在不知情的情况下，也在1966年提出了一种基于分组交换技术的全国性数据网络。更加难能可贵的是，戴维斯还建成了真正实现分组交换的实验性网络，速率高达768kpbs，而规划中的阿帕网速率仅为50kpbs。直到现在，关于到底是巴兰还是戴维斯先提出分组交换的问题，仍然存在很大分歧。不管怎样讲，在美国人云集的互联网领域，戴维斯的工作让欧洲人的贡献变得不可忽视。

1969年10月，加州大学洛杉矶分校（UCLA）的计算机终端与570千米之外帕洛阿托终端连接成功,阿帕网正式诞生。当年调通第一条互联网连接的UCLA校园里面的那间小小的计算机实验室,被誉为"互联网产房"。

分布式网络奠定了互联网的基础网络结构,同时也成为一种全新的思想理念。接下来的互联网发展经历了好几轮的分布和集中的拉锯战。最终,随着万维网的出现,互联网的网络效应越来越明显,彻底走向了缔造数据寡头之路。仔细想想现在的互联网巨头们,如果没有用户数据,它们还有什么存在的价值?数据的特点在于,平台收集了你的数据,你账户里面的数据并没有少,但平台却已经多了一份数据。正是因为这样,整个互联网现在已经演变成被少数数据寡头主导了。

然而,数据关乎信任。

在维系人类社会运转的诸多要素中,信任是至关重要但又最难驾驭的抽象概念之一。社会学家格奥尔格·齐美尔(Georg Simmel)曾经从社会互动的角度阐述过信任问题,认为信任是在社会互动中产生并维系社会互动的重要支柱,失去了信任的支撑,人类根本无法构建起社会。[1]

所谓信任,就是你将缺点暴露给对方却不担心会因此受到伤害,你愿意向你的朋友袒露心声,即便这会把自己的缺

---

[1] [德]齐美尔:《社会是如何可能的:齐美尔社会学文选》,林荣远译,桂林,广西师范大学出版社,2002。

点一并暴露你也不担心，背后的力量就是信任。因此，信任的一个起点就是能够为你保守秘密。当然，要做到暴露缺点也不担心受到伤害的程度，也就是值得信任的程度还需要一连串的过程。信任是有累积效应的，这种累积效应需要一系列"可信赖的行为"作为基础。我们觉得一个人可信任，正是基于我们对这个人一系列可信赖行为之观察的结果，逐渐确认了这个人的可信任程度。

　　信任是不断进化的，社会发展到不同的阶段，信任的内涵和外延也在演化中前进。原始社会的信任构筑在熟人族群的基础上，到了农业社会，社会分工开始出现，社会互动的规模和范围得以扩大，价值交换兴起，出现了货币并成为价值交换的桥梁。以色列历史学家尤瓦尔·赫拉利（Yuval Noah Harari）在《人类简史》一书中指出，货币是人类的一种"共同想象"，是完全由人类想象出来的"意义之网"。所谓的意义之网，就是事实上并不存在但我们仍然认为具备意义的东西。货币就是这种意义之网的人类共同想象，之所以有意义，是因为我们"相信"它有意义，正因为我们共同相信，所以才有价值，正是因为有价值，所以货币的流通才促进了社会价值交换。实质上，是信任以货币的形式参与到了社会价值交换的进程之中。[1]

---

[1] [以色列]尤瓦尔·赫拉利：《人类简史：从动物到上帝》，林俊宏译，北京，中信出版社，2017。

及至工业化时代，社会分工体系日趋精细，价值交换不管在深度上还是在广度上，全都史无前例，熟人社会一去不复返，社会隔阂让"熟悉的陌生人"成为常态。与此同时，流水线上井喷而出的商品穿越了传统的信任累积进程，急需统一而又安全可靠的信任平台，来为社会交换提供快捷方便的信任支撑，信任机构乘势而生。银行、信用卡、征信机构在这个过程中扮演了至关重要的角色，为价值交换提供了完善的信任保障机制，也为信任清算搭建了快捷通道。

20世纪末开始，互联网以去中介化之名横空出世，统一的通信协议、无处不在的自由链接，宣告了一个新时代的诞生。问题的关键在于，虽然链接是自由的，但链接同时是"有偏好的"，这种链接偏好最终演变成了富者愈富穷者愈穷的马太效应。在中国，BAT（百度、阿里巴巴、腾讯）三大巨头吞噬了移动互联网75%以上的流量，互联网在干掉传统的中介以后，自己成了最大的中介。当一切都被数据化的时候，对于互联网时代的价值交换，纸币已经跟不上价值流动的速度了。试想，在一个"无现金社会"里，一个从来没有见过钱长成什么样子的孩子，怎样让他再去相信钱的意义？既然不需要相信钱的意义，那么又该相信什么呢？答案是数据！所以，未来数据会充当价值交换媒介的共同想象，一切都会是数据，包括钱。

问题是数据不同于金钱，它是一种极度个性化的价值符号。价值数据化了，价值交换的媒介也数据化了，那么怎么才能让数据化的媒介表征数据化的价值呢？看样子有必要重新思考信任的底层逻辑。熟人社会依靠对方可信赖的行为积累信任，陌生人社会依靠第三方机构的担保来征用信任。这两种方式都遵从一个信任逻辑：征信—存储—授信。当征信、存储和授信裹挟着我们所有的数据轨迹一并在互联网的疆域里穿行的时候，我们就把"数据的我"交给了那些张开血盆大口的互联网公司。从严格意义上讲，它们就是依靠着对我们的"数据剥削"才走到今天的。试问，如果没有对我们隐私数据的利用，会有谷歌和百度吗？如果没有对我们交易数据的利用，亚马逊和阿里巴巴能走到今天吗？如果没有对我们出行数据的收集，会不会有滴滴？

"数据的我"也是我，在未来的时代里，这一点将更加清楚。但数据的我正在被那些以提供便捷服务和信用担保为名的平台剥削，这是不公平的。至少，我应该保有一个完整的数据的我，而一旦我保有了数据的我，我就是"自信任的"，就是可以自证的，我不需要信任，我本身就是可信的！这才是数据对整个社会信任体系的重塑。[1]

---

[1] 有关数据寡头和数据自我的观点，受到了百度金融的前首席数据科学家、趋享智能科技创始人丁磊先生的启发。围绕区块链和数字技术，我们曾进行过多次讨论。

分布式思想造就了互联网的崛起，而崛起后的互联网却变成了数据寡头。当数据就是信任的时候，显然，互联网面临新一轮的调整，这一次的重任就交给了区块链。

记账革命

人类历史上共发生过三次重要的"记账革命"。第一次记账革命可以追溯到远古时代的"结绳记事"。它让人类第一次摆脱了时间和空间的限制来传播信息，"事大，大结其绳；事小，小结其绳；结之多少，随物众寡"。这种结绳记事的方法发生在语言出现之后、文字出现之前的漫长岁月，是人类第一次依托身外的载体来记录信息的一种方式。及至后来，出现了文字和数字，但人类记账的方式跟结绳记事时代几乎没有什么区别。这种记账是一种流水账，也叫"单式记账法"，是把某些事项或活动记录下来避免遗忘或者提醒他人的一种方式，是"私账"。单式记账法虽然也能较好地支撑当时的经济活动，但无论其支撑的经济范围还是带来的经济影响深度，都是十分有限的。

人类的第二次记账革命是起源于700多年前的意大利威尼斯和热那亚并一直沿用到现在的复式记账法。德国经济史学家西夫金（Sieveking）发现了1211年意大利佛罗伦萨钱商记载在羊皮纸上的两套账簿，账户均以客户名字命名，这是

第三章 信联网

最早的人名账户。热那亚市政厅1340年的总账中也有"财务官""征税官""公证人"等人名账户。1400年前后,复式记账法开始被威尼斯银行家广泛采用,这也是当时威尼斯成为欧洲金融中心的重要原因。到了1494年,方济会教士伯乔尼(Luca Pacioli)在《算术、几何、比及比例概要》一书中系统阐述了复式记账法的会计恒等式、财产清算方法、账目登记方法及试算平衡方法,复式记账法的学理逻辑就此确立。

复式记账法遵循"有借必有贷、借贷必相等"的记账规则,对每一项经济业务通过两个或两个以上有关账户相互联系起来登记,将资产表达为负债加所有者权益。复式记账的最大价值在于,不仅能够清晰追踪资金来源和去向、反映资本回报率,更重要的是,提出了资产等于负债加所有者权益的平衡式,这简直是"资本主义"一词最清晰简洁的表达。难怪首创"资本主义"一词的德国社会学家和经济学家维纳·桑巴特(Werner Sombart)会说:"复式记账的诞生,其意义可以与伽利略和牛顿的发现齐名。"

虽然复式记账法十分有用,至今都是通行的会计记账方法,但复式记账法也存在无法克服的弊端,主要体现在两个方面。一是账本很容易被篡改,实际的经济活动中,很多企业和单位可能都同时拥有好几套账本,给老板看的和给税务机构看的账本往往有很大的不同,但都符合"有借必有贷,借贷必相等"的记账规则。这说明，复式记账法之下，人为篡改账本的可能性非常大。二是对账特别复杂，需要定期对账，做到账证相符、账账相符、账实相符。即便组织内部做到了按时对账，当涉及并购重组等重大资产转让的时候，仍然需要进行"尽职调查"，才能对目标企业的资产负债情况予以真实掌握。除此之外，对于那些已经上市交易的公司，在每次发布财务报告之前，都需要第三方会计师事务所进行审计，相当于由会计师事务所代表公众投资者进入上市企业来完成对账的工作。总而言之，企业组织每年花费在对账上的经费数不胜数。

既然复式记账法存在如此严重的弊端，那么有没有一种更好的记账方式呢？区块链采用的共享账本系统，有可能引发人类历史上的第三次记账革命。既然对账复杂，那么怎样才能做到无须对账呢？答案就是共享一套账本。又如何防止账本被篡改呢？那就是加密算法。

蝶变链

在弄清分布式网络和共享账本的情况下，我们就可以来详细看看区块链到底是如何运作的了。

为了便于理解，让我们一起来做个思想实验。思想实验就是用头脑想象一个虚构的实验场景，而不是真的动手去做。

第三章 信联网

我们假定有个村子，这个村子名叫"蝶变村"，村里有100个村民，我们把每名村民都当作是区块链网络上的一个节点，这样我们就新创了一个区块链网络，干脆就叫"蝶变链"。接下来，让我们看看这个蝶变链如何运作。

首先，我们要做一个规定，整个蝶变链网络每隔10分钟会记一次账，把过去10分钟里村民们相互之间的交易记下来打个包，然后加密保存起来，这就形成了一个"区块"，相当于打好一个包裹再盖上一个密封戳。这样每隔10分钟就会产生一个信息区块，这个信息区块里面记录的是过去10分钟村民之间交易的流水账。你就想象成，每过10分钟，这个蝶变链就会产生一次心跳。

现在我们假定到了 $t1$ 这个时间点的时候，蝶变链网络心跳了一次，产生了一个信息区块并加密，我们把这个信息区块编号为T1。产生这个区块以后，蝶变链网络就会随机向网络里面的所有节点发布一个密码学问题，相当于让全村人都来竞猜一个灯谜，谁先猜出来谁就获得这一轮的记账权。我们假定有个叫"张三"的人率先猜出了灯谜，这样张三就获得了 $t1$ 这一轮的记账权。获得记账权之后，张三需要做这样几件事：一是把编号为T1的区块镶嵌到前面那个时间段产生的区块T0上面去。怎么才能镶嵌上去呢？每个区块都包含三个信息字段，分别是头部时间戳、信息区块和尾部时间戳。

把T1镶嵌到T0上去的意思是,让T1的头部时间戳跟T0的尾部时间戳对齐,同时生成T1的尾部时间戳等着下一个区块来对齐。张三把T1镶嵌到T0之后,会向全网广播,听到广播之后,蝶变链网络里的所有节点开始同步更新各自的账本——从T0更新到T1。这样,蝶变链所有节点的账本就都更新到T1这个区块了,这一轮记账宣告完成。

又过了10分钟,到了$t2$这个时间点,蝶变链会再打包出一个新的区块,编号为T2,然后再发布一个密码学问题,最先答对者获得新一轮的记账权。以此类推,一个区块链着又一个区块,这就形成了区块"链"。在这样的区块链网络里,每个节点记的都是一样的账,自然就不需要对账了,在交易的时候也就不需要第三方信用机构介入,所以区块链就是"去信用化的",因为区块链"自带信用"。

假如在记账的过程中,有个叫"李四"的人发现自己在T1这个区块里有一笔交易是错误的,他想要修改怎么办呢?由于整个网络都记的是一本账,所以要修改就要大家一起改。为了修改T1,李四需要说服网络里面超过51%的节点同意在同一个时间一齐修改账本。关键的问题是,当李四好不容易说服大家愿意帮他一起修改账本的时候,10分钟早就过去了。所以,想要修改T1,李四需要先说服大家修改T2,只有改了T2才能改到T1。要命的是,还没等说服大家修改T2,T3又生成了,以此类推。平均来讲,只要区块链网络中生成的区块数量超过6个,那么这个网络里的账本就基本上是不可篡改的。对于李四来说,弥补错误的最好办法不是尝试修改账本,而是发起一笔新的交易来修正。这就是区块链的不可篡改特性。

由此,区块链对于复式记账法来讲,不啻于一场记账革命,区块链能够完美解决复式记账法易被篡改和对账复杂这两大天然弊端。

细心的读者可能已经注意到了前面讲述中的一个细节,那就是为什么网络要发布一个密码学问题?为什么要让大家"猜灯谜"呢?这就要说到中本聪发明这套体系真正伟大的地方了。

让我们继续这个思想实验。假如蝶变村里有个人叫"王二麻子",这个人一年到头都不跟村里其他任何人发生交易,但他作为蝶变链网络中的一个节点又跟大家记了一样的账。那么,是什么原因激励他乐此不疲地记账呢?或者换种说法,为什么蝶变链网络容许像王二麻子这样不交易只记账的人存在?关于这个问题,我们可以换个角度来思考:在什么情况下,蝶变链网络会垮掉?答案是:网络里面的人全都同时不记账的时候,蝶变链就没法玩了。那么,怎样才能保证蝶变链网络可以持续运行下去?那就需要这个网络里面始终有节点在记账,也就是说,总有人点着灯,才能够让记账这件事情薪火相传。即便中途有人偷懒也没事,只要他一上线,账本就可以从亮灯的节点处迅速更新至最新版本。所以，除了记账，我们还必须要保证这个网络始终有很多节点是点亮着的，这跟节点是否与其他节点交易没有关系，但却关乎整个网络的生死存亡。因此，作为一个开放的区块链网络，必须要有足够多的像王二麻子这样的冗余节点存在，才能在概率上确保不会出现集体灭灯的情况。

那王二麻子凭什么愿意参与其中呢？这就需要给王二麻子足够的激励。怎么激励呢？如果我们像传统的计件工资那样，每记一次账就给一块糖作为激励的话，那么这种办法在区块链网络中是行不通的，因为每个人都记了同样的账，相当于每过10分钟就要给网络中的所有人各发一块糖，显然，这跟没有激励是一样的效果。因此，我们需要设计一种"非对称"的激励方式，或者说要打破大锅饭的格局。怎么打破大锅饭呢？要知道，点亮节点，或者说记账需要消耗的核心资源是算力，只有依托于节点的算力贡献，区块链网络才能被点亮。所以，激励机制的设计需要跟算力资源的贡献挂起钩来，以便激发大家更多地给网络贡献算力。中本聪的设计思路是，让节点的算力贡献和得到糖的概率随机相关。即你的算力贡献越大，就越有可能率先解出那个密码学问题，从而得到糖果奖励。但是，随机相关是指并不是算力排名第一就一定能够最先解出密码学问题，只是更有可能而已。这样一来，中本聪就把算力贡献

（挖矿）和糖果奖励（比特币）建立起联系了。

但还有个问题没有解决。假如王二麻子的运气特别好，总能率先解出密码学问题，这样他在很短时间内就拥有了一大把糖果。这个时候，王二麻子想要得到更多糖果的动力就不像之前那么大了，因为糖果对于他来讲已经不稀罕了，所以呈边际收益递减的趋势。如何才能激励像王二麻子这样的人始终保持算力贡献呢？这就需要改变糖果本身的价值。比如，经过一段时间之后，再解出密码学问题得到的就不是一块普通的糖果，而是一块昂贵的巧克力了，并且一旦网络发出第一块巧克力，你手上所有的糖果就瞬间变成了巧克力，这样就不会出现边际收益递减的情况。

怎么才能让普通的糖果自然地变成更有价值的巧克力呢？那就需要制造时间周期上的稀缺性。中本聪的做法是：一方面限定糖果的数量，总共只有2200万颗糖，也就是说，比特币的总量是有限的；另一方面，规定每隔四年，发放的糖果数量减半，比如第一年到第四年，每年可以挖出100个比特币，而第五到第八年，每年挖出的比特币数量就变成50个了，以此类推。有了这两条规则，比特币在长周期上看，一定是越来越增值的。

关键是，中本聪没有给任何人发过哪怕一块糖，他只是用数据创建了比特币这种虚无缥缈的东西，相当于用"空气"激励了全世界的人疯狂贡献算力。这种做法比宗教的动员能力都强，就像佛教好歹要有座庙，要有佛法僧三宝，而中本聪的比特币什么都没有，就让数亿人"皈依"了。这才是他的过人之处！

说到这儿，大家就基本上明白了比特币和区块链之间的关系。区块链是一种记账网络，而比特币是附着在区块链网络上的激励机制。所以，币是币，链是链。

在中国，以比特币为代表的数字加密货币都是非法货币，因此我们所倡导的区块链是一种"无币链"，更加看重区块链对实体经济的赋能或者赋信。赋信，就是赋予信用。

区块链经济

本质上讲，任何不能降低市场交易费用的技术创新都没有经济意义。正如互联网降低了信息获取成本，人工智能降低了市场决策成本，区块链技术的经济意义在于，可以降低产业甚至全社会的信用成本。所以，区块链的普及将带来信用联网——信联网的出现。

前文已指出，区块链网络中的主体是"自带信用的"，导致整个区块链网络去信用化。基于此，将那些原本线下的主体迁移到线上，使之成为某个区块链网络的节点，那么这个主体就被赋予了信用，同一个网络内部的不同主体之间的交易就不需要第三方信用担保机构了。这个过程我们可以形象地称为"上链"。

如何上链呢？我们先来看一个案例。这是我参与讨论和提供想法建议的一个真实案例，事关"甜蜜事业"——蔗糖业。

全世界的蔗糖产地主要分布在巴西、印度和中国三个国家，而中国的蔗糖产地主要在广西，广西的蔗糖产量占全国的一半以上。蔗糖产业是个庞大的产业生态，需要有蔗农种植甘蔗，有蔗糖厂榨糖，有贸易商批发零售成品糖。当然，整个产业链还离不开银行等金融机构的帮助，每个环节都涉及大量的参与者。就拿蔗农来讲，广西种植甘蔗的蔗农数量在1000万人，涉蔗人员3000万人（含家庭人员），各种糖厂上百家，从事糖业贸易活动的大大小小的渠道代理商数千家。当然，蔗糖产业还有很多周边衍生产业，使得整个蔗糖业十分庞杂。

蔗糖产业链主要分为种植甘蔗、榨糖、销售三大环节，糖厂处在核心位置，协调上游蔗农和下游经销商两个环节。这里面的难点在于，甘蔗的种植是整齐划一的，每年一季，3月种植，11月开始收割，周而复始。但是，糖厂的生产经营却是全年连续的。由此产生了一个巨大的矛盾：蔗农到了甘蔗收货季节，也就是"榨季"（每年11月到次年3月），收割、卖掉、拿到蔗款就算完成了这一年的工作，蔗农的诉求非常简单——卖甘蔗，拿钱。但对于糖厂来讲，由于生产经营是全年连续进行的，资金要分配在全年度来使用。每到榨季，糖厂就会很头疼，当年榨季能收多少甘蔗决定了其整个年度的产量，所以糖厂希望在榨季尽可能地多收甘蔗，而要收到足够多的甘蔗就需要在短时间内付出大量的资金，而资金在榨季的过度支出又可能会使榨季之后的生产经营受到重大影响。这是个两难的问题。

过去，糖厂一般是通过这样两个办法来缓解榨季资金紧张问题的。一个办法是从银行贷款，很多糖厂有一支专门跑银行的队伍，每到榨季之前恨不得蹲在银行门口请求银行贷款。但糖业价格波动比较剧烈，银行在给糖厂放贷的时候普遍非常谨慎。即便愿意放贷，也经常不会给到糖厂希望拿到的额度。另一个办法是拖欠蔗款，也就是赊账，等到有销售回款再分批支付蔗款，但很容易一拖就是好几年。一个更加严重的问题是，蔗农为了尽快拿到蔗款，宁愿在榨季以较低的价格把甘蔗卖给外地的糖厂，而本地糖厂为了避免甘蔗流出，甚至不惜断路断桥、围追堵截。现在各地政府对拖欠农民款项问题都抓得十分严格，所以第二个办法也行不通了。

更为严重的是，即便解决了收甘蔗的资金问题，糖厂还会面临成品糖销售的资金问题。糖厂好不容易把甘蔗收进来，又好不容易榨成成品糖，但却很难享受这份"甜蜜"。大大小小的贸易商会来跟糖厂谈判，都希望先把成品糖拿走销售，等到有了销售回款再支付糖厂的糖款。通常来讲，贸易商不愿意事先垫款，如果非要先交钱再拿糖，那价格一般要低很多，利润空间会受到大幅度压缩。

一边是上游蔗农，另一边是贸易商，两边同时挤压，就让广西的糖厂生存堪忧。而糖厂的生存出现问题，整个蔗糖业就变成了"无处安放的甜蜜"。

初次跟中国—东盟信息港股份有限公司（简称中国东信）的领导和同人们讨论这个问题是在2017年年底，之后又多次深入探讨。这家公司是2015年经国务院批复成立的国有控股的平台型信息科技公司，肩负着建设运营中国—东盟信息港的重要使命，是广西唯一一家"中国"字头的企业。彼时，中国东信正在利用信息技术对广西的蔗糖产业链进行数字化改造，着手构建糖业生态的产业互联网平台——蔗糖通，这个产业互联网平台将甘蔗种植、蔗糖生产、成品糖销售三大环节进行数字化，贯穿蔗糖产业链的全流程，最终形成了广西甘蔗生产服务平台、蔗糖生产经营服务平台和泛糖产品现货交易平台。一句话，中国东信依靠数字技术已经让蔗糖生态"上网了"。

在交流的过程中，中国东信的董事长鲁东亮先生和联席总裁李珩先生指出，目前虽然蔗糖产业已经有了数字化平台支撑，但产业生态各个主体之间的协作效率仍然不高，尤其是决定整个产业效率的供应链金融服务还有巨大的提升空间。基于此，我们讨论出利用现有的数字化平台推动整个蔗糖生态上链。具体来讲，首先将蔗糖通平台上的各个主体纳入区块链网络，创建一个"糖链"。其次，将原有平台上的数据依据区块链运行的要求予以优化改造，使之符合上链要求。再次，引入银行等金融机构，打造表征数字信用的指标体系——e信，用于对区块链网络中的主体信用进行数据化评估。最后，引入蔗糖期货交易价格等第三方数据，丰富整个区块链的数据生态。

上链之后，金融机构可以通过e信这个信标来实时进行全网信用评估，根据糖厂的生产计划排期动态安排贷款发放，由过去的一次性办理大额贷款变成了连续的"滴灌式贷款"，更加突出了金融服务的属性。这样一来，蔗农就可以在卖出甘蔗的第一时间拿到蔗款，只不过这笔款项是由银行直接给到蔗农，而糖厂的生产经营不会因为榨季到来产生资金压力。另一方面，贸易商也可以加入进来，有信用的贸易商可以不用付款直接把成品糖拿走，而由银行垫付糖款给糖厂，使糖厂资金尽快回笼。这对糖厂来说，做到了一手交钱一手交货。贸易商拿到糖之后，开展销售活动，销售流水自动按照一定的比例返还给银行，用于还贷。除此之外，贸易商还可以将e信值分拆给下游的批发商或零售商。如此一来，整个糖业生态就实现了更高的效率。截至目前，中国东信的糖链运行良好，已经准备扩展到整个东盟地区的泛糖产业。

糖链只是区块链赋信实体经济的一个用例。但基于这个案例，我想特别强调几点：

第一，区块链技术本质上是数字技术，所以区块链发挥作用的前提是已经完成了数字化改造。换言之，区块链不能凭空直接作用于实体经济，必须通过数据来发挥作用。基于此，比上链更加重要的是数字化，没有这个前提，区块链对于实体经济就是空中楼阁、水中花月。借助区块链技术，每个人都可以更好地将自己的数据或者数字化产品变现。例如，一名歌手写了首歌，过去发到网上之后就很容易被盗版。但在区块链网络里，这名歌手写了一首歌之后，就可以放心让这首数字格式的歌曲上链，其他人想听这首歌必须得到歌手的授权，并且这首歌的所有数据权还都保留在歌手名下，不会被随意复制拷贝走。在糖链这个项目中，中国东信之前围绕糖业进行的数字化改造是个不可忽略的必要前提。

第二，前面已指出，中国的区块链应用是"无币链"，意味着失去了"发币"这个外部激励。不具外部激励的区块链网络，就无法吸引像王二麻子那样的冗余节点存在，所以要求网络里面的节点都得同时是交易主体。节点不可以随意进出网络，还要始终处于点亮的状态，否则区块链网络很难持续运行下去。

第三，无币链对节点和网络都提出了很高的要求，节点需要在没有外部激励的情况下持续提供算力，而网络本身必须自带激励。因此，区块链技术的落地基本上只会是私链（法人主体内部创建的区块链）和联盟链（法人主体之间形成的区块链）这两种形式，允许自由进出的公链很难运行。也有人比照比特币，提出一种介于公链和联盟链之间的形态——通证链，以通证而不是加密数字货币来行使激励功能，但这种做法在中国恐怕很难行得通，因为稍有不慎就会越界。[1]私链只能服务于组织内部的数据确权和保全，基本上不服务于主体间的交易，在司法存证方面有比较好的应用前景。目前来看，联盟链会是比较常见的区块链落地应用方向。

第四，联盟链意味着区块链的落地一开始就是生态级别的，而自带激励意味着过去这个产业生态的信用环境通常比较糟糕。按照这个逻辑，区块链赋能实体经济的主要领域，会是那些参与主体很多而又缺乏信用的产业。比如，农产品产业链、石油贸易、跨境贸易、大型制造业等。当然，前提是要有足够牢固的数字化应用基础。

第五，生态级应用的特点，决定了区块链技术的落地会是大型组织主导的。第一类是政府机构，因为政府机构的数据应用是个大问题，对政府部门来讲，数据即权力。而数据

---

[1] 关于"通证经济"，是CSDN副总裁孟岩先生于2017年提出的。围绕这个主题诞生了很多观点和看法，孟岩先生也有很多精彩的演讲，大家可以自行查找相关资料深入了解。

的特点决定了过去的做法是"使用即拷贝",所以政府部门之间的数据共享向来是个大问题,虽然各地政府都成立了"大数据局"这样的机构,来推动部门间的数据共享,但效果一般。利用区块链技术,可以很好地解决部门间的数据共享问题,数据上链之后,A部门调用B部门的数据,需要B部门给A部门私钥授权,而使用完之后,数据仍会回到B部门,这就避免了"使用即拷贝"的现象。从这个角度来看,政府机构将会是未来区块链技术应用的重要力量。

第二类是监管机构,比如医疗领域的卫健委、医保局等机构。我们都知道,看病难为人诟病的一个地方是,在一家医院做的检查到了另一家医院看病的时候需要重新再做一遍,既浪费钱又浪费时间。过去有一种解决办法是搭建医疗档案的云平台,但云平台的做法会让平台获取医患数据,带来很大风险。这种情况下,完全可以在医疗政府机构的主导下,让医疗档案数据上链,这样病人做过检查之后数据就确权给病人本身了。病人到医院看病,给医生一个私钥授权,医生用完了数据之后私钥失效,数据重新回到病人手里,确保了数据的安全性。

第三类是大型企业集团,这类企业集团通常拥有庞大的交易主体,甚至自身就是一个产业生态的掌控者。对于一个庞大的产业生态来讲,各个主体之间的交互非常频繁,但却缺少数据的全网透明性,也就是说,生态整体信用是缺失的。通常来说，供应商只跟制造商共享数据，而制造商再向下跟销售商共享数据，供应商很难跳过制造商直接与销售商进行数据互动。这种情况下，信用依托于产业链条的序贯逻辑，而非生态主体间的网络化协同，人为制造出了很多信用黑洞。作为生态呵护者，大型企业集团会越来越有动力推动生态主体上链。

第四类是大型科技公司，尤其是互联网公司。互联网公司发展壮大的源动力，一方面是用户数据收集，当它们已经获取了足够量的用户数据的时候，如何深入利用这些数据就决定了未来的盈利预期。但另一个方面，用户对数据隐私保护的意识也越来越强了，所以数据确权的呼声十分强烈。可以推测，未来的数据应用必须经过用户授权，数据业务会是一种"许可式商业"，作为数据寡头的互联网平台必须早做准备。

总之，区块链技术初期的落地应用，带给小型创业公司的机会并不多。

数权社会

在本章的最后，我提供一些碎片化的想法，权当是对未来数权社会的一些展望。所谓数权社会，就是以数字为核心纽带和运行指引的全数字化社会，是数字化理念完全渗透后的全新社会形态。

第一，只要解决了信用问题，货币数字化就是必然趋势。既然货币数字化了，那么数据也就资产化了，数据既可以是有价值的资产，也可以是价值交换的媒介，当然，数据更可以直接货币化。

第二，数据货币化，一是可以流通，二是可以生息，因此数据等同于货币。既可以在流通中促进交易，也可以存到银行生息。数据像货币那样存在银行，就需要一个账号体系，相当于开户的户头或者银行账号，既有自然人账户也会有法人账户。这就需要一套全新的数字化身份体系，暂且叫作dID（digitalized ID）。政府，尤其是公共安全机构应主导建立这套dID系统，作为全民数字征信基础设施，以利数字社会运行。

第三，对于数据银行来说，一则"揽储"，二则"放贷"，两者利差即为数据银行之收入。所以，把数据存入银行能赚利息，而数据银行可以把所有数据重新整合输出，赚取"贷数"的利息。

第四，要有一种机制，让每个账户的数据以个体身份存入，计为存款或者存数。但进入数据银行之后则像存款一样变成一般等价物，实在不行，万般等价物也可以，关键是数据成为等价物。

第五，以dID为轴心收敛所有数据资产，形成数字孪生体，对外释放信用，对内生成价值，最终演变出"数权社会"。

第六，债权、股权、币权最终实质上都会是数权，只有将数据等同于资产，将资产等同于数据，才能理解数据的本质，当然，也是资产的本质。

第七，由此形成的人类各种协作组织，乃至整个数权社会，不但高效，并且"恰当"。

万物皆数。

第二部分　数字商业进化的四种路径

第四章 升 维

数字技术的发展从根本上变革了商业环境，数联网让信息平权，智联网让决策能力平权，信联网让信用平权。在探查了以上三大海域的水文和天气情况之后，我们接下来需要思考如何在这片新的海域里航行。

从产业的中观层面来看，数字技术带来的最大改变是，信息、决策和信用的数字化流动让产业跨界的门槛大幅度降低，所以才出现"跨界打劫"这样的现象，过去那种泾渭分明的产业格局、井水不犯河水的产业运营模式一去不复返了。所有的产业实践者都必须面对一个"错维竞争"的全新现实。

维度困境

相比于错维竞争，同维竞争是企业经营中的思维惯性。说到竞争对手，我们自然想到的就是那些跟我们生产和提供同类商品或服务的企业。当一只蚂蚁面对其他蚂蚁竞争的时候，自然比拼的是实力和耐力，是一种你一拳我一脚的竞争逻辑，这是我们都熟悉的一种竞争方式。这种竞争方式虽然表面上看起来非常激烈、火星四溅，但从深度和烈度上，比起错维竞争简直就是毛毛雨。

数字经济中的错维竞争现象非常普遍，经常令人措手不及。打个形象的比喻，一头大象走过一片草坪，想去喝口水，但令大象没有想到的是，它走过这片草坪的时候踩死了很多蚂蚁。对于大象来说，走过草坪喝口水是再正常不过的生活场景，所以大象都不会过脑子就大踏步走了过去。对于蚂蚁来说，哪有大象？在蚂蚁的世界里，就不知道还有大象这种生物，结果被不知道的生物给一脚踩死了。更悲催的是，大象踩死了蚂蚁，还不知道踩死蚂蚁了。更更悲催的是，大象根本就没想踩死蚂蚁，结果蚂蚁死了！这就叫，我消灭了你，但与你无关。

不得不说，将竞争范围限定在同维层面上，是我们大多数企业的思维误区。企业经营中遇到的真正致命的威胁，几

第四章 升 维

乎很少来自同维友商，充其量只会妨碍发展的步伐，但很少能构成致命的打击。所以真正导致铅笔圆珠笔产业不景气的并非其他铅笔圆珠笔企业的竞争，而是因为出现了打字机和电脑这样更好的书写工具，底层的原因是用户需求升维了，而我们的商业模式仍停留在过去。

错维竞争，高维者胜，且高维者拥有几乎所有的掌控权，就像大象与蚂蚁，就像鹰和蛇，在蛇的世界里根本就不知道有鹰，而在鹰的世界里自然有蛇。所以作为鹰来讲，它唯一需要做的就是搜寻哪里有蛇，只要发现蛇的存在，战役还没打响，胜负就已确定。鹰唯一需要决策的就是，什么时间发动降维攻击（从三维空间俯冲到二维地面）；而对于蛇来讲，既没有办法判断鹰什么时间俯冲下来，也没有办法抵挡鹰的进攻，所以这类竞争一开始就能分出胜败。

目前企业，尤其是传统业态所面临的困境，从本质上讲，是一种"维度困境"，这种维度困境的背后是如何才能在数字经济的背景下实现价值创造的升维蝶变。更为要命的是，过去惯有的思维局限深深困住了业务重构和管理转型的手脚，大多数患上互联网焦虑症的企业都在用蛇的头脑思考鹰的世界，想要用玻璃瓶子收集闪电，想要用钉子把豆腐钉到墙上，不是不努力，而是没有校准维度空间。

维度空间

数字经济在时间这个维度上遵从的是"狗历",狗的平均寿命是人的十分之一,所以数字经济的节奏比传统行业快十倍。数字生态构建一旦形成生态体系,生态位竞争就变得极为重要。一方面,生态企业会积极构建完整的生态位,以便让整个生态体系滑向持续、自然进化的轨道;另一方面,生态位的争夺成为生态企业之间竞争的主要着力点,当无法一下摧毁整座森林的时候,通过攻击某个生态位然后破坏生态体系的做法就是最为可取的,所以理解数字经济的风云变幻,必须从生态系统的角度去看。

所谓生态位(ecological niche),是指一个种群在生态系统中,在时间空间上所占据的位置及其与相关种群之间的功能关系与作用。平移到商业领域,种群就是企业,而生态位就是一个市场上的"价值域",或者是价值生态里面的某个节点,整个生态系统就是各个价值域网链起来的价值网。更进一步,一个种群可以在多个生态位生存,一个生态位也可以容纳多个种群,前者考验的是种群(企业)的环境适应力(适者生存),后者考验的是企业的竞争力(优胜劣汰),这就构成了所谓的丛林法则。

既然所有的种群都生活在丛林里,那么不同的生态位就决定了差异化的生存维度空间。一座森林里既有水里凫的，也有草棠里蹦的，还有天上飞的；有挪不动步的植物，也有四处窜游的动物，有高维也有低维。这就是不同种群生态位的维度空间差异。这种差异规定了森林作为一个生态系统的基本秩序。我们经常看到鱼鹰搏击水面捕捞鱼类，但没看到鱼冲向天空擒住鱼鹰；我们也会看到马大口吃草，却没看到草一口吃掉马。由此推论，错维竞争从一开始就胜败已定，它根本就不是一个有关输赢的命题。

错维竞争的惨烈程度好比赤手空拳面对机关枪，胜败结果是早就知道的，只是需要确定什么时间扣动扳机来得到那个结果而已。所以高维生态位的种群在面对低维种群时，唯一需要做的就是搜寻和发现，只要找到即可迅速结束战斗，几乎不需要考虑如何赢得战斗的问题。高维种群往往都具备某种发现低维种群的特异功能。在互联网领域，占据高维生态位的企业无不拥有强大的情报体系，其作用就是搜寻和发现低维种群，一旦发现，要么收购之，要么摧毁之，要么豢养之。

低维种群如此悲催，似乎存在的意义就是成为高维种群的口中之食，而且毫无还手之力。想要摆脱厄运，道路之一就是"升维"。蝶蛹破茧成蝶就是一次典型的升维过程，变成蝴蝶之后，就会避免蝶蛹阶段受到的大部分维度攻击。因此，"蝶变"是极其罕见的"维度逆袭"之举，当然，难度也是巨大的，这也是很少出现维度逆袭成功的原因。同时，也有很多"伪逆袭"的现象出现，比如，鹰把鱼捉住带向天空就很容易让鱼产生升维的错觉，一阵维度眩晕之后就是万劫不复，这是特别需要注意的地方。[1]

维度逆袭必须是源自内部而非外在的全方位重构，由蛹到蝶并非简单的效率提升，而是一次全方位的效能重构，其中的难度好比重新活过，这比"鹰之重生"的重构程度还要深刻得多。当然，除了维度逆袭，低维种群避免灾难的另外一种办法就是"维度漂移"，漂到高维种群不会攻击的平行维度上去。但很多时候，这种漂移只是暂时之举，倘若不能在维度漂移争取的时间窗口里实现升维，那么同样生存堪忧。陌陌在面对微信的时候就利用了"维度漂移"，但后续的升维实在乏善可陈，导致现在生存堪忧的局面。

生态位的存在取决于外在的自然环境条件，即生态位能够提供给种群的资源是有限的，当聚集在一个生态位上的种群数量很多的时候，就形成了生态位重叠。这时，各个种群就会在确定的生态位里展开同维竞争，同维竞争比拼的是抢占资源的效率，是一种效率竞争，而非维度竞争。类比商业领域，在同维竞争中运营强者胜。例如，在出行软件行业，

---

[1] 关于蝶变升维，请参见拙著:《蝶变：解密社会化时代的产业变革与重构逻辑》，北京，经济管理出版社，2015。

早期滴滴和快的的竞争就是一种典型的同维竞争，竞争的结果就是整合，后来滴滴出行和Uber中国合并也属此类情况。只有整合才能保证以最优的效率利用和独享生态位资源，这是具有生态特征的数字经济体系跟传统的经济体系之间本质的不同。传统经济讲究效率优先，数字经济讲究效能优先，只有充分占据生态位，才能展开升维跃迁。

升维进化

应对错维竞争的出路在于升维进化。如何升维呢？通常来讲，完整的升维过程会经历四个步骤：针样切入、线状裂变、平台发展和生态演进。针样切入是"点逻辑"，线状裂变是"线逻辑"，平台发展是"面逻辑"，生态演进是"体逻辑"。所以，简单来讲，就是点、线、面、体的进化过程。[1]

完美演绎升维进化的，莫过于微信的发展。微信隶属于腾讯，掌舵者是曾经凭一己之力开发出邮箱软件"foxmail"的张小龙，后来加入腾讯负责QQ邮箱的开发。张小龙本人的性格和腾讯的企业文化非常匹配，都是略带严谨的工程师风

---

[1] 关于升维，阿里巴巴集团学术委员会主席曾鸣老师有诸多精彩阐释，以点、线、面、体区分了不同的商业模式，启发商业组织的战略思考。可参见曾鸣：《智能商业》，北京，中信出版社，2018。

格、低调、内敛，但做出的产品无与伦比。从2011年1月21日上线到现在，微信的月活跃用户数超过了11.5亿人，成为名副其实的"国民应用"。微信的出现深刻变革了我们的工作、学习、生活和娱乐方式，是用户每天早晨醒来之后的第一信息入口。

相比于微信应用的普及，张小龙及其团队，连同整个腾讯公司，对于微信却并没有不切实际的大吹大擂，甚至市面上都没有出现很多关于微信产品演进逻辑的资料，只能通过每年张小龙的公开课来一窥微信背后的产品主张。[1]我的研究团队跟踪研究了微信各个版本的迭代，试图以一个旁观者的角度来逆向反推微信功能迭代背后的理念思考。根据我们的研究，微信进化至今，完美地完成了点、线、面、体的四步升维，并且在此基础上又往前推进了两步，也就是正在进行第五和第六步升维进化。

第一步：针样切入

所谓针样切入，就是准确识别用户痛点，提出解决方案，打深打透。2011年1月微信刚刚上线的时候，主打的口号只有简单的5个字——免费对讲机。可不要小瞧了这5个字，它反映

---

[1] 关于腾讯公司的发展历程，可参见吴晓波：《腾讯传》，杭州，浙江大学出版社，2017。

的是用户的两大痛点，一个是"免费"，另外一个是"对讲"。

彼时的微信，对标的是运营商的应用，是对运营商短信、彩信业务的OTT（Over The Top，也叫过顶传球，意指利用不同的方法满足同样的需求）。其实，微信也能发送文本信息，为什么微信不强调可以发送文本信息呢？因为运营商的短信业务就是用来发送文本信息的。微信也能发送图片信息，为什么也不强调呢？因为彩信也能发送图片。只有语音对讲这个功能在运营商的业务体系里是没有的，相当于微信比运营商的短信、彩信业务提升了一个维度。此外，运营商的业务是收费的，而微信提出了免费，这就又提升了一个维度。有了这两个维度，用户就再也没有理由不从短、彩信业务迁移到微信了。相当于"免费对讲机"这5个字为微信争取到了两个层次的维度空间，准确命中了运营商短、彩信业务的维度困境，实现了对短、彩信业务的降维打击。在微信推出之后，短、彩信业务迅速经历了雪崩式的下滑，再也无法重新反弹，这块利润丰厚的业务就像阳光底下的冰激凌，止不住地融化。

微信之前，短信业务是运营商非话业务的支柱，短信沟通才是真正的国民应用。由于中国人相对比较含蓄，表情达意没有那么直接，所以短信聊天特别符合中国人的特点。尤其是年节期间，通过短信的方式给亲朋好友发个祝福、表达一下谢意，这是再正常不过的方式了。过年拜年发短信已经成了过年的一部分。可是自从有了微信，国人过年都在抢红包，谁还有时间发短信啊。你要再过年拜年发短信的话，你的朋友都要笑话你"奥特"（out）了。

其实，运营商在微信之前还经受过一次业务OTT，那就是QQ为代表的即时通信对短、彩信的替代。但两者泾渭分明，即时通信是PC端应用，而短、彩信是手机端应用，井水不犯河水。这边厢，QQ的用户数飞速增长；那边厢，短、彩信业务生机勃勃。用户也习惯了同时在电脑和手机上熟练使用这两个业务。但当移动互联网崛起，智能手机迅速具备了个人电脑计算能力的时候，一切就都变了。

微信的第一次升维，既是对短、彩信业务的降维打击，也是逼迫运营商转型的分水岭。

第二步：线状裂变

如果微信只是做到了免费对讲机的话，那么我们就见不到现在的微信了。要知道，移动互联网是"APP逻辑"，而APP必须要运营，运营则需要经得住三个指标的检验：下载量、留存度和活跃度。一家公司开发了一款APP之后，必须要有足够的下载量才行，否则这款APP对于用户来讲没有任何意义。而一旦解决了下载量的问题，就必须提升留存度，否则有下载量也没有意义。很多APP被用户下载之后扭头就卸载了。留存度跟APP给用户提供的价值紧密相关，用户不愿意保留对自己没有价值的APP。解决了留存度的问题之后，活跃度就是个大问题了，你还要激发用户频繁使用，这跟这款APP的流量增长直接相关，只有高频应用才可快速成长。

在移动互联网领域有一类APP，通常在前面两个指标——下载量和留存度——上有很好的表现，但在活跃度上却很难突破。这类APP就是工具类APP。仔细看看你的手机，你会发现自己的手机上安装了很多工具类APP，这些应用的下载量很高，你也轻易不会卸载，但只在某些特定情境下才会使用，所以打开的频次通常很低。假如微信只把自己定位成"免费对讲机"，那么微信就是一个典型的工具类APP了，你只有想要给好友发一条消息的时候才会想到打开微信。显然，这不够活跃。

如何解决活跃度的问题呢？换言之，如何给微信用户一个理由，即便我不想给好友发信息的时候，也愿意频繁打开微信呢？社交是活跃度的利器，再加上腾讯本来就以做社交起家。所以，微信第一步升维成功之后，很快展开了第二步升维过程。这一次要完成的是从工具到社群的升维。

在4.0版本里，微信一口气推出了两个至关重要的功能：朋友圈和公众号。从此，微信再也不用担心活跃度的问题了。

首先来看朋友圈。仔细想想，我们现在都是微信的用户，你身边有没有原来是微信用户现在又不是微信用户的人呢？恐怕很少或者几乎没有。再进一步，你虽然是微信用户，可微信对你做过传统意义上的"客户关系维系"没有？有像传统企业那样，每当你过生日的时候就给你发生日祝福信息吗？恐怕也没有。但我反过来问你，你对微信忠诚吗？恐怕很忠诚，起码行为上是很忠诚的。也就是说，微信对你没有使用过任何传统意义上的客户维系策略，就做到了让你绝对忠诚。这是不是很神奇？朋友圈功能居功至伟。

自从有了朋友圈，我们跟朋友之间的聊天场景很可能变成了这个样子：

我：最近忙什么呢？
你：没看我朋友圈吗？
我：什么叫朋友圈？
你：你都奥特了！把手机给我。
（你拿过我手机，帮我下载了微信，然后告诉我这就是朋友圈。）

微信的大量新用户就是这么发展起来的，相当于微信的用户帮助微信发展和维系了用户。当被你发展成微信用户之后，你会发现我在朋友圈里可能比你还活跃。当你的家人都被你发展成微信用户之后，你就会建一个家庭成员的微信群。从此，你就不会轻易离开微信了，因为你的家人和朋友都在微信里，而你的家人和朋友也是这么想的。结果就是，我们都离不开微信了。

微信朋友圈成了我们现实社交关系的数字化映射，打开微信，翻翻朋友圈，点个赞、评个论，一次社交活动就在如此自然而又廉价的方式下完成了。朋友圈是个强大的情感支持网络，用户频繁地发布朋友圈信息，本质上并非信息传播，而是社交道具。我们可以做个思想实验：假如你发了一条朋友圈信息，结果3个小时过去了，没有一个人给你点赞，也没有一个人给你评论，你做何感想？你一定会以为微信坏了，恨不得把手机屏幕划出火星子来。当你确信就是没有人给你点赞和评论的时候，你是什么感觉？你一定以为自己被整个世界抛弃了。这就是社交关系网络的威力。

我的科研团队曾经做过一个微博和微信的对比研究。结果发现，微博是非常好的实时社交媒体，也是观点争鸣的舆论场。针对"马航事件"的最新信息总是率先出现在微博平台上。虽然微博上也会经常出现"谣言"，但微博的转发和评论功能让信息具备了"自洁机制"，在转发和评论的信息更新下，谣言很容易会被澄清。反观朋友圈在"马航事件"中的表现，谣言更容易传播，而且信息重复度极高，更加强化了谣言的传播力度，辟谣也更加困难。但是，朋友圈是一个十分重要的情感支持网络，用户在危机事件来临的时候，借助朋友圈更容易镶嵌到社交网络之中，寻求到情感支持上的安全感。所以我们的结论是，你在微博"杀杀杀"，又在微信"么么哒"。

总之，朋友圈功能的上线让微信用户数的增长实现了社交关系上的线状裂变，只要有一个人成为微信用户，这个人整条社交关系链上的所有人就都成了微信用户，并且微信用户之间会形成"互锁效应"，你离不开我我也离不开你。朋友圈一举解决了微信的用户发展和维系问题。

如果说朋友圈是面向 C 端（consumer，消费者）用户，那么公众号就突破了 B 端（business，商家）用户的发展问题。推出公众号功能之后，微信变身为典型的"双边平台"，成功协调起了 C 端和 B 端两个市场。试想，自从有了公众号，你再去饭店吃饭的时候，饭店经常会请求你"扫码关注"，一旦扫码关注，你就成了这家饭店的电子会员，用微信点菜能享受会员价。吃完饭后，用微信扫码支付还能享受进一步的优惠。当你离开这家饭店之后，这家饭店会时刻"想着你"，因为你是它的会员。所以，这家饭店会向你推送各种信息，以便唤醒你对这家饭店的记忆。进而，还会向你推送各种打折促销活动，吸引你再次前来消费。这家饭店做的所有事情，只不过是维系了自己的客户而已。有趣的是，这家饭店在维系自己客户的同时，也在帮助微信维系C端用户。

由此，公众号的出现让微信实现了"双边网络效应"：C端用户越多，吸引的B端公众号就会越多；而B端公众号越多，帮微信发展和维系的C端用户就会越多。以此类推。现在微信里的每个C端用户都被很多个B端用户维系着，而每个B端用户都拥有很多C端粉丝。所以，互锁效应在更大的范围里实现了，微信既不用过多地去理会C，也不用过多地去理会B，他们自己就能玩得很好。

朋友圈让微信用户沿着社交关系链裂变，公众号让微信用户沿着行业条线裂变，两相强化，最终造就了微信第二步升维进化的成功。

第三步：平台发展

线状裂变的自然结果是，微信成为平台了。奠定微信平台地位的，是微信5.0版本的推出。在这个版本中，微信上线了微信支付功能。更加重要的是，微信支付上线后，只用了很短的时间就走过了支付宝过去10年走的路，再一次展现了腾讯和微信团队的产品能力。

微信支付上线之前，支付宝差不多花了10年的时间，终于让中国的互联网用户习惯了用电脑和手机进行支付。结果，微信支付不费一枪一炮就把这些在线支付用户给收割了。微信只设计了一个有点儿类似于游戏的功能——微信红包。看到红包之后，我们就都想要点开，然后就收到了红包里面的礼金。你这时有两个选择，一是提现，那就得把你的银行卡账号交出来；另一个选择是不提现，那么这笔钱就成了微信支付平台的沉淀资金。这意味着，无论你是否提现，微信支付都赚到了。当你收了很多红包之后，礼尚往来嘛，你也想要发个红包了，一般你就乖乖地把银行账号交出来给微信了。悄无声息间，微信就把用户都转化成了微信支付用户，瞬间成为在线支付市场中唯一可以与支付宝抗衡的巨头。

搭载了支付功能的微信，俨然就是个平台了。随后，微信作为一个平台，开始为腾讯旗下的业务强力赋能。腾讯旗下的任何一个自有业务，只要对接到微信平台上，微信就可以加速将其弹射出去，让这项自有业务获得快速发展。举例来讲，腾讯生态中的关键业务之一是游戏，所以微信5.0版本甫一推出就附加了游戏功能，《天天跑酷》《经典飞机大战》等都是在那时利用微信推广的。到了后来，腾讯上线了《王者荣耀》，这款游戏在不到一年的时间里就成为全球同时在线玩家最多的游戏。背后的原因，除了《王者荣耀》这款游戏本身的质量很高，最重要的就是微信开放了社交关系链给这款游戏赋能。至此，微信平台的赋能潜力一展无遗。

2015年春节刚过，中央电视台前著名主持人柴静制作了一部片子叫《穹顶之下》，引起了热议。这部片子选择的首发平台是优酷土豆和人民网，腾讯视频并非该视频的首发平台。影片发布后，我曾跟踪过这部片子在不同平台上的全片点播量数据，结果在不到3个小时的时间里，优酷土豆上的全片点播量数据就已经突破了700万次。这是个非常可观的数据，相当于在不到3个小时的时间里，就有700多万人完整观看了这部片子。对优酷土豆这家视频网站来讲，这是非常值得骄傲的表现，值得为之欢呼。然而，在同样的时间段内，在并不是首发平台的腾讯视频上，《穹顶之下》的全片点播量突破了2400万次！要知道，视频业务对于腾讯并不是最重要的业务，仅仅是一条业务线；而视频业务对于优酷土豆是生命线。相当于，腾讯拿出一条业务线，就可以抵得上优酷土豆三条半命。

当年我曾带着我的观察数据，跟当时的优酷土豆高管讨论，我的看法是：优酷土豆应该赶紧找个大腿抱，否则有可能死无葬身之地。优酷土豆的高管告诉我，他们也注意到了这个问题，并且已经在寻求合作方了。接下来，他们抛了一个问题给我——抱哪条腿呢？我的分析是这样的：中国互联网领域有三条大腿——百度、阿里巴巴、腾讯。百度应该没有合作兴趣，因为百度旗下有爱奇艺；腾讯的合作可能性也很小，因为腾讯有腾讯视频。那就只剩下阿里巴巴了，而阿里巴巴跟优酷土豆有天然的合作可能,所以优酷土豆应该去找阿里巴巴合作。

为什么阿里巴巴会相中优酷土豆呢?在这里,稍微分析下中国BAT三巨头背后的逻辑。虽然这三家公司在当时并称"中国互联网三巨头",但仔细分析三家背后的商业逻辑,其实三家公司是两种玩法,百度和腾讯属于一类,阿里巴巴单独属于一类。百度和腾讯的模式,从根本上讲是"流量外溢型"业务,因为它们各自占据一个流量火山口,百度是搜索,腾讯是社交。换言之,这两家都不缺流量,它们思考的主要问题是,如何把流量变现?而流量变现最快的办法就是让自己成为"流量加油机"。如此一来,百度和腾讯会紧盯市场上出现的创新商业模式,然后以合作或收购的方式将这些创新模式招致麾下,再给它们输送流量,实现模式的杠杆化效应。例如,百度的搜索流量显示,旅游会是很有发展前景的行业,那么它就会向"去哪儿网"开放旅游搜索流量,然后就让去哪儿网的业务迅速实现了腾飞。腾讯的做法与之类似,只不过是社交流量的杠杆化而已。

相比于百度和腾讯,阿里巴巴是"流量输入型"业务,只有把外部流量输入到阿里巴巴平台上,阿里巴巴的业务才能运转。所以,阿里巴巴想的永远是,哪儿有流量?更加可气的是,手握流量火山的百度和腾讯全都不向阿里巴巴开放流量导入，而阿里巴巴自身几经努力也没做好搜索和社交。以至于马云曾经咬牙切齿地说：宁愿死在"来往"（阿里开发的移动社交应用）的路上，也不能活在微信的怀里。阿里巴巴过去的发展也表明了自身生态对流量的渴望。当年新浪微博流量丰沛的时候，阿里巴巴就战略性投资新浪微博，然后让新浪微博账号和淘宝账号打通，直接把微博流量导入淘宝平台。哪儿有流量阿里巴巴就向哪儿伸手。这是中国互联网领域中的三巨头在流量运用上的分野。为什么百度和腾讯不搞"双十一"？因为它们不缺流量。为什么阿里巴巴一定要搞"双十一"，而且还有"双十二""三八女神节"等一系列的购物活动？因为阿里巴巴必须"人工造流"。

现在回到优酷土豆的未来去向上，逻辑自然就明了了：阿里巴巴需要流量，而视频网站向来自带流量。所以，两者的结合存在着巨大的可能性。再加上阿里巴巴在2014年就投资过优酷土豆，且视频业务又是阿里云的天然大客户，两者一拍即合。2015年10月，优酷土豆正式被阿里巴巴收购，加入阿里巴巴大生态体系，成为阿里大文娱板块的一员。对于优酷土豆来讲，终于抱上了大腿；对于阿里巴巴来讲，终于抱得美人归。这是个双赢的格局。

除了视频业务，微信作为一个平台，时刻都在为腾讯的其他自有业务赋能，支撑了腾讯生态体系的持续繁荣。但这还不算完，毕竟腾讯自家生态再大，也是有限的。何况微信的能力已经强大到像是个生态黑洞，反过来把整个腾讯都要吞下去了。仅仅用微信来进行自有业务赋能，显然是"杀鸡用了宰牛刀"，有必要将微信的能力在更大维度空间里释放，生态演进自然开启。

第四步：生态演进

微信从平台到生态的升维进化，再一次展现了腾讯和微信独一无二的战略思维。简言之，微信用减法做了加法，最终实现了乘法的效果。是不是很神奇？我们一起来详细解释一番。

原本腾讯旗下也有自己的电子商务板块，包括QQ网购（B2C）、拍拍网（C2C）以及2010年收购控股的综合购物网站易迅网（总部在上海）。但腾讯如果自己做电商，可能永远都打不过京东，因为京东已经成长为中国最大的垂直电商平台了，尤其是在物流体系上的强力投入，让其他的垂直电商平台难以望其项背。既然如此，那为什么不换个角度来思考。2014年3月，腾讯宣布与京东进行战略合作，合作内容包括：QQ网购和拍拍网全部并入京东，易迅网部分股权并入京东并与京东共享物流体系；京东将接入微信和手机QQ的一级入口位置；腾讯获得京东约15%的股份，京东IPO时腾讯还可以再认购5%的股份。这次战略合作，对于腾讯来讲，减法是减掉了鸡肋型的自有业务——电子商务，加法是加进来了中国最大的垂直电商平台——京东，乘法是两家公司的合作实现了双赢。这种战略合作一直持续到了现在，腾讯一度增持京东股份成为其最大的股东。2019年5月，两家公司宣布继续这一合作关系。

2014年这次与京东的合作让腾讯找到了构建生态体系的"标准范式"，其后屡试不爽。例如，腾讯本来也要发展自己的本地生活服务业态，因为本地生活服务业是支付的高频打开场景，用户点一下美团基本上就会关联一次支付，用户点一下滴滴，基本上也会随之引发支付，所以本地生活服务业是腾讯一定要占领的。但是，腾讯如果自己去做本地生活服务业，也要像大众点评那样去扫街，毕竟大众点评花费了好多年的时间才完成商户的线上入驻。与其这样，那不如换种想法：自己不做了。2014年2月，腾讯入股大众点评网，持有大众点评20%的股份，之后又推动了大众点评和美团的合并，打造出了"点评美团"这个腾讯系的本地生活服务平台，与当时的饿了么、百度外卖一起，形成了中国本地生活服务业的三足鼎立之势。后来的百度外卖与饿了么合并，合并之后又被阿里巴巴全资收购，阿里口碑随后也被融合进来。"口碑+饿了么"等同于"点评+美团"，都是前者负责"到店"、后者负责"到家"，实现了对到店消费和到家消费两大场景的覆盖。这样一来，中国的本地生活服务业就发展为两强争霸的局面，一强是腾讯系的点评美团，另一强是阿里系的饿了么。

完成点评和美团的融合之后，大众点评和美团各自作为一个入口被加进了微信生态。在微信的第三方服务中，"吃喝玩乐"这个入口的支撑平台就是大众点评。在微信的第三方服务列表中，美团也当仁不让。当然，我们在这个列表中还会看到以下好几个入口。

- "滴滴出行"，即通过微信可以直接触达滴滴的服务，而腾讯是滴滴出行的第二大股东。
- "火车票机票"，背后的支撑平台是同程艺龙。同程网是2004年创办于苏州的一家企业，腾讯是这家公司的早期投资方，而腾讯同时是艺龙网的大股东，持有其16%的股份。2018年12月，在腾讯和携程这两家大股东的撮合下，同程和艺龙完成整合，前者擅长票务，后者聚焦酒店预订，两者合作可谓天作之合。合并后的同程艺龙，腾讯是第一大股东，持股比例为24.92%。作为微信支付入口中第三方服务列表里的一员，同程艺龙获得了微信巨大的流量赋能，有65%以上的月度活跃用户来自微信。
- "电影演出赛事"，背后的支撑平台是猫眼电影。猫眼电影是美团孵化出来的板块，原名叫"美团电影"，2013年

1月更名为"猫眼电影",之后作为独立公司发展。为什么美团会孵化这么一个板块呢?是因为当年做团购业务的美团,电影票是一类重要的团购产品,但用户在线上购买了电影票之后,还需要到达电影院之后才能选座位,因为当时的院线还不支持在线选座。猫眼电影最开始的作用,就是为用户提供购票后的在线选座服务。有了这个杀手级的应用,猫眼电影发展迅速,很快就在电影票市场上占据了巨大的份额。对用户来讲,猫眼是个很好的购票和选座入口;对电影制作方来讲,就成了获取实时票房数据的平台。因为掌握了实时票房数据,猫眼电影展开独立升维,演变成为从影视剧制作到发行再到售票的综合影视平台。2016年5月,猫眼电影被光线传媒控股。2017年11月,猫眼电影与腾讯旗下的微影时代(运营"微票儿"业务)合并,并获得腾讯10亿元投资,腾讯顺势成为合并后的猫眼电影的第二大股东,而猫眼电影的整体估值达到了200亿元。整合之后,猫眼电影替代微票儿,入驻微信第三方服务列表。

- "拼多多",腾讯曾经是拼多多的第二大股东。
- "蘑菇街",腾讯是其单一最大股东,持股比例高达17.2%。
- "转转二手",这是58集团孵化出来的二手交易平台,腾讯多次投资增持其股份,而腾讯之前就已经是58集团的第一大股东，持有58集团22.83%的股份。
- "贝壳找房"，这是由链家孵化出来的居住服务平台，在最近的D轮总计11.3亿美元融资中，腾讯领投了8亿美元，而且此前腾讯已经战略投资了链家，以及链家旗下的另一个品牌"自如"。
- "唯品会特卖"，腾讯持有唯品会7.8%的股份，而腾讯投资的京东还持有唯品会5.5%的股份，所以腾讯也是唯品会的单一最大股东。

上述眼花缭乱的股权关系背后，是腾讯以微信为基础的生态构建。通过减法做加法，腾讯在微信的第三方服务列表中将"衣食住行"一网打尽。减法减掉的是腾讯自身的鸡肋型自有业务，加法加进来的是各个垂直领域中成熟的平台，再以微信超过11亿的月活用户为这些平台赋能，最终就实现了乘法的效果。如此，微信从赋能腾讯的自有业务转变为赋能中国互联网领域里的各个大平台，所以微信就成了"平台的平台"，微信也就成了生态。

第五步：数字生活OS

升维到了生态级别的微信还不满足，继续向前挺进，创造了未来至少还有两步的升维可能性。

先来看第五步。仍然来做个思想实验：微信支付中的第三方服务里，截至本书写作时，总共有12项服务入口，前面已经提及部分。接下来我们设想，这12项服务入口可不可以扩展到120 000项？你会说，那不可能，如果有120 000项的话，用户就看不过来了，而且微信估计打开就死机了，根本承载不了。那让我们变换个思路，假如微信有120 000项服务供你选择，但每个人的第三方服务列表中只允许列出自己喜欢的12项服务，你的问题是不是就能解决了？这是肯定的。

那么，如果微信真的这么做会怎样？你仔细想想，微信第三方服务中的入口按钮有什么不同？最大的不同在于，利用微信进入相应服务，用户不用下载这个服务的APP。你点开的微信服务入口，不是用小程序来承载的，就是用HTML5动态页面来承载的，总之无须下载APP。如果在微信的服务库里，有多达120 000项服务可供用户选择的时候，基本上就意味着用户不用下载任何除微信之外的APP了。假如用户都不用下载APP了，那么苹果和安卓的应用商店也就没有存在的必要了。进而，苹果的线上收入将会受到巨大的冲击，因为苹果的线上收入主要来自于用户下载APP的销售分成以及使用APP进行应用内购买产生的收益分成。这对苹果来讲，不啻于晴天霹雳。苹果将不得不面对一个两难的境地：如果约束微信，那么用户一定要用微信，既然iOS版本的微信功能缺失，用户就选安卓版的，所以约束微信会面临用户流失的风险；如果不约束微信，任由其发展下去，那苹果的线上收入就会被蚕食。管也不是，不管也不是。

更为重要的是，微信已然挑战了苹果一手建立起来的移动互联网和智能手机的基本逻辑。2007年推出iPhone的时候，苹果向世人展示了有别于桌面互联网的基本逻辑，那就是"放弃浏览器，力挺APP"。在苹果眼里，Web已死，APP永生。这之后，包括安卓生态在内，整个移动互联网都遵循了苹果的这一基本准则。但微信正在向用户展示另外一种可能性——不用APP也可以。微信有可能将用户重新拉回到Web逻辑上来，因为无论是小程序还是HTML5页面，都更像是浏览器逻辑。

事实上，自从有了微信，用户下载和留存APP的数量已经减少了很多。即便下载了很多APP，也很少使用，微信已经把用户的注意力吸走了大半，用户每天花在微信上的时间远超其他应用。甚至用户慢慢觉得，单凭一个微信，基本上就能搞定所有事情了。所以，假如推出一款只安装了微信的智能手机的话，似乎也没什么不够用的。微信本质上已经变成了操作系统（OS），而且是跨越苹果和安卓两大平台的通用OS。只不过，微信更多面向用户的社交生活领域，所以我们称之为"数字生活OS"。

说到底，微信不也是苹果或者安卓上的一个APP吗？一

第四章 升 维

个APP怎么可能挑战苹果和安卓的应用平台呢？答案是：微信一直在升维，它已经从一款APP应用升维成了巨大的生态体系，而苹果和安卓的应用商店上线的时候是平台，到现在还是平台。生态比平台维度更高，低维是高维的可选项，高维对低维拥有选择权，反之则不行。

第六步：泛在万联

微信已经储备的第六步升维机会，也就是跳脱手机，迈向泛在终端的万物互联。在"数联网"一章中，我们曾经提到过，物联网的根本是找到低成本创建数字孪生体的方法，只有数字孪生体才能联网，物体本身不能联网。下面，我们再深入讨论这方面的内容。

2017年1月，微信团队上线了小程序。根据张小龙在微信公开课上披露的数据，2019年微信小程序的日活跃用户数超过了3亿人，累计创造8000亿交易额。这个成绩单对于拥有11亿月活跃用户的微信来讲，并不抢眼。小程序上线三年来，给我们的感觉也是发展得不瘟不火——没有特别爆炸式地增长，但也确实挺有用。2017年3月，微信小程序正式发布两个月后，中央电视台记者曾经就小程序问题采访过我，我表达的观点是，小程序虽然诞生于微信，但小程序的真正用武之地根本不在微信上，甚至都不在手机上，小程序真正的应用场景是物联网。

为什么小程序的价值在物联网？其实物联网不是新概念，比尔·盖茨早在1995年的《未来之路》一书中就提及物联网的概念了。[1]然而，物联网直到现在都不是一个真正成熟的应用领域，普通老百姓还没有真切感受到物联网的好处。原因在于，物联网涉及的场景非常碎片化，难以形成规模经济，所以很难打造出适应于通用场景的物联网设备。应该说，直到现在，我们人类只有一个通用的随身联网设备——手机。既然标准化设备很难，那么业界又把目光瞄向标准化操作系统。例如，谷歌曾经推出"Google Glass"，目的是将安卓这款操作系统移植到可穿戴设备上，但效果并不好。操作系统再怎么优化，都很臃肿。既然标准化操作系统也很难，那我们能不能标准化数据容器呢？毕竟，数据才是距离我们所需要的服务最近的。

什么叫标准化数据容器？我们先来看看一种新的人机交互方式。这种人机交互方式是由共享单车给我们普及的，那就是"扫码解锁"。手机一扫码，锁就打开了，这是一种全新的人机交互方式。既然手机一扫码就能打开一辆共享单车的锁，那可不可以一扫码打开一辆汽车的锁呢？如果可以，就有了共享汽车。可不可以一扫码打开一间超市的门呢？如果

---

[1] [美]比尔·盖茨:《未来之路》，辜正坤译，北京，北京大学出版社，1996。

可以，就有了无人超市。可不可以一扫码打开一间健身房的门呢？如果可以，这就是共享健身仓。当然，还有共享卡拉OK厅、共享充电宝……所以，继工业上"机器换人"之后，服务业也开始"无人值守"。

现在让我们换个角度思考，手机扫码就可以开锁，那开锁是不是非得用手机呢？是不是只有用手机扫码才可以开锁？显然不是。用智能手表也可以扫码解锁，智能眼镜也可以，甚至刷脸就能开锁。我们去健身房跑步，站上跑步机的时候就会需要数据伴随，过去的做法是跑步机上有显示屏来显示跑步的实时里程数和热量消耗等数据，跑步结束之后这个数据就擦除了。我们可不可以重新定义这个场景，再去健身房的时候，健身房会自动完成人脸识别给我开门，站上跑步机开始跑步的时候，我的眼镜片上自动飘出两组数据，一组是实时里程数，另一组是消耗的热量。等到我结束健身，一挥手，这两组数据就从眼镜片上消失了。这样的场景是小程序完全可以覆盖的，小程序的理念就是无须安装、不用下载，招之即来、挥之即去。

本质上，小程序就是一段活的数据，用户无非是通过扫码的方式把这段活的数据从云端召唤到"本地"而已。所以，在小程序的逻辑之下，数据只需要一个"容器"，就可以在任何物体或终端上"着陆"，而不仅仅是手机。

小程序背后的设计理念可谓禅意十足，那就是让场景彻底碎片化，让商业彻底数据化。碎片化的场景更有利于商业的数据化，这让开发者门槛大幅度降低。除此之外，无须在平台之间徘徊，小程序实现了跨平台生存。这种方式让用户可以随时随地召唤数据，从而让数据以更细微的方式渗透商业场景。可以预见的是，手机的重要性将越来越弱，因为召唤小程序并不需要手机这么庞大的计算能力，只需要一个很小的计算切口，小程序就可以翩然而至。在泛物联世界，我们无须标准化硬件，无须标准化操作系统，只需标准化数据容器，这就是无处不在的小程序！

以上就是逆天的微信。微信的升维进化不但完成了点、线、面、体的四步逻辑，还为未来的更高维度进化埋下了伏笔。面向未来，微信不但有可能进化为跨越iOS和安卓两大平台的通用数字生活操作系统，而且有可能基于小程序引领全新的物联经济。随着5G技术商用化进程的推进，万物互联已经不再是想象，而是正在到来的现实，相信微信将迎来又一轮升维进化。

运营"伤"

厘清了微信的升维过程，让我们再回过头来看看一度被微信OTT的运营商。其实，即便微信来势汹汹，短信还是有

第四章 升 维

机会延续辉煌的，只是在移动互联网浪潮来袭之时，运营商们没有跳出固有的思维圈囿，从而错失了发展良机。这个思维圈囿就是：运营商只把短信当成了功能入口，而腾讯则把微信当成了APP。

在功能机时代，运营商的三大功能入口基本上霸占了手机这个阵地，分别是打电话、通信录和短信，提供网络通道，活跃客户使用，然后坐地收费，基本上是这个套路。但进入智能手机时代，所有的入口都被APP化了，这是苹果公司定义的移动互联网和智能手机的主逻辑。再沿袭过去坐地收费的模式就行不通了，因为"地"变了，相当于没有固定的地让你坐了，就必须遵循新逻辑和新规则。

既然是APP，就需要"运营"，就需要通过下载量、留存度和活跃度这三个指标的检验，微信在这三个指标上不断升维进化，从点到面，从面到体，层层升维进化，背后是APP运营的能力。那么，短信可否APP化运营呢？当然可以。短信无与伦比的能力在于用户的鉴权和确权，这就是在网络上购物注册或付款时，都需要短信验证码的原因。这是短信的威力，也是目前运营商集团短信业务不降反升的原因。[1]基于此，如果能够在鉴权和确权的过程中让短信这个APP（注意，

---

[1] 集团短信是电信运营商为集团客户推出的具有用户信息管理、信息发送、资料查询等功能的信息类业务。

要把短信当成APP运营）接管各项互联网应用的后续流程，短信就有希望像微信一样进行APP式的升维进化，至少会变成手机上的"权限管家"。倘若如此，短信绝不是如今的模样，完全可以做到以权限管家的身份托管用户手机上的商务流。

短信之外，通信录和电话这两个功能也应该被视为APP，然后通过运营进行升维进化，否则，这两个功能连同短信都离变成僵尸不远了。就连鉴权和确权的功能都有可能很快不保，因为互联网巨头们正在大力推进人脸识别类的身份鉴权技术，集团短信这块仅剩的半个冰激凌，在阳光底下也将很快融化！遗憾的是，运营商虽然叫运营商，但却没有做好新时代的"运营"，只好被运营伤了。

第五章 变 道

相比于升维，变道并不涉及商业模式的进阶，而是商业模式在不同场景下的释放。这种情形，很像生物学中的"横裂生殖"。横裂生殖是一种被称为"灯塔水母"的生物的生殖方式。这种水母个头很小，身长只有五毫米，但灯塔水母的神奇之处是能够返老还童，长大成熟后一旦交配，就又回到幼体，然后再次成长，很多科学家在研究这种水母的生生不息之术，甚至有人称灯塔水母为不死生物。

当灯塔水母遭遇物理性损伤或其他危机的时候，会把自己转化成水滴一样的胞囊，然后再从胞囊发展出自己的原始生命形态——水螅群。通过无性繁殖，这个水螅群再次生长成几百个几乎和以前的成年灯塔水母DNA一致的水母，这就是灯塔水母的逆生长过程。在商业领域，产品的运营方向和商业模式通常也会出现类似的现象，即当一种商业模式在某个特定场景取得成功之后，会横向裂变到其他关联场景，而其内在的商业模式之逻辑结构并没有随之发生改变。这种战略进化思路比升维更具竞争性，商业蔓延的速度更快，我们形象地称之为"变道"，即商业模式变换赛道的意思。

补贴大战铺就出行赛道

既然变道是变换赛道的意思，那我们就选择出行这个跟道路有关的领域，来具体探讨如何变道。确切地讲，我们将讨论滴滴的变道进化。

2013年，是值得中国互联网铭记的年份，这是中国互联网竞争的一个分水岭：之前，免费为王；之后，补贴为王。2013年及以前，中国互联网遵从的是"免费为王"策略，向用户提供免费服务，再寻找第三方服务客户予以变现。所以，那个时候的互联网公司一手是用户（服务使用方），一手是客户（付费方）。用户和客户可以相互分离，是完全不同的两个群体，导致在互联网领域产生了跟线下"一手交钱，一手交货"不同的做法——商业模式与盈利模式相互分离，前者负责吸引流量，后者负责变现。这种方法并非真的免费，只是"羊

第五章 变道

毛出在了猪身上，狗来买单"的情形。[1]

2013年以后，这种免费为王的逻辑在中国就行不通了，转而必须要进行补贴。只做到免费还不够，还要花钱请用户来使用你的免费服务。这种做法被看作中国互联网竞争的又一次击穿底线之举。稍微回顾就可以发现，2013年以后诞生的中国互联网应用无一不做补贴。而说到补贴，没有比发生在出行领域的"补贴大战"更让我们印象深刻的了。

这要说回到2012年。在国外出行平台Uber的理念启蒙之下，中国的出行市场开始孕育。2012年5月，身为硅谷科技公司高管的吕传伟回国创业，在杭州注册成立了"杭州快智科技有限公司"；8月，"快的打车"软件在杭州上线运行。无独有偶，2012年7月10日，出身于阿里巴巴"中供铁军"的"80后"年轻人程维辞职注册成立了"北京小桔科技有限公司"，并于9月开始提供"滴滴打车"服务，12月即获得金沙江创投的300万美元融资，一个以后彻底搅动中国出行市场的全新物种诞生了。从这两家公司创始人的背景来看，中国的出行市场是一次"海归"与"土鳖"的对决。

彼时的中国出行市场中，移动互联网应用正在因4G技术的商用而迅速普及，很多人看到了其中巨大的市场机会。滴

---

[1] [美]克里斯·安德森：《免费：商业的未来》，蒋旭峰译，北京，中信出版社，2015。

滴和快的之外，大量的出行软件如雨后春笋一般涌现出来，都想要搭上这个巨大的移动互联网风口。类似摇摇招车、百米打车、嘟嘟叫车、打车助手、打车小秘、微打车、嘀嗒拼车、拼豆拼车、大黄蜂等数不清的出行平台一窝蜂地上线运行，都盯上了出行这块大蛋糕。

比较尴尬的是，打车软件参与者众，但构建竞争壁垒却很困难。一来，技术本身很难建立竞争壁垒，一套打车软件的设计门槛并不高，甚至有人在淘宝上花点儿钱买套代码公版，修修改改就能上线。二来，商业模式也构不成竞争壁垒，打车软件就是衔接司机和乘客的平台，一单是一单，没有特别高深复杂的商业设计。既然技术和模式都构不成竞争壁垒，那么想要在这场激烈战争中胜出，就只剩下一条出路——用户数。谁的用户数多，谁就越有可能率先拥有市场话语权，谁就有力量定义市场结构，这又是一个典型的"变大优先"逻辑。但不幸的是，中国的互联网刚刚经历过团购网站的"千团大战"，线上流量成本已经被推高，这让互联网公司的获客成本居高不下。基于此，这场战争胜负的关键就在于，谁能率先融到足够多的资金，谁就能发展足够多的用户，谁就能主导市场格局。

所幸，那些拥有资金的巨头也看好出行市场的机会，只是他们看待这个市场的角度有所不同。阿里巴巴和腾讯这两家公司会非常在意出行市场的发展。原因在于，出行是移动支付业务的高频应用场景，只要使用一次出行软件，就意味着有一笔支付业务发生，所以阿里巴巴和腾讯都在觊觎出行领域蕴藏的支付机会。既然出行平台需要资金，而有钱的互联网巨头又需要出行平台带动支付业务，两者很快一拍即合。近水楼台先得月，总部在杭州的快的率先于2013年4月拿到了阿里巴巴领投的1000万美元A轮融资。同年同月，滴滴完成B轮融资，腾讯投资1500万美元。到了11月，阿里巴巴又追投了快的上亿美元，这给快的储备了充足的粮草。紧随其后，腾讯在2014年1月追加投资滴滴3000万美元。至此，滴滴也解决了资金问题。更重要的是，2014年7月，身为高盛集团亚洲区董事总经理的柳青转身加盟滴滴，出任首席运营官，从此滴滴融资就不再是问题了。滴滴是少有的能够从一开始就有能力协调全世界的资本方为其服务的中国互联网公司，这其中，柳青发挥了关键作用。

滴滴和快的在2013—2014年的几轮融资表明，资本方已经决定了下注的方向。与其说是滴滴和快的自身融资的成功，倒不如说滴滴和快的是被资本方伯乐们集体选中的两匹千里马。有了资金大佬的支持，这两匹千里马就开足了马力向前冲，发起了震惊中外的"补贴大战"，演绎了一出科技界的"甄嬛传"。[1]

---

[1] 关于出行大战的相关内容，也可参阅拙著：《联网力：传统行业互联网化转型的原动力》，北京，机械工业出版社，2015。

先让我们简单回顾这场发生在2014年的补贴大战：

1月10日，滴滴宣布在32个城市开通微信支付，用户使用微信支付，乘客车费立减10元，司机立奖10元。

1月20日，快的和支付宝宣布，使用支付宝支付，乘客车费返现10元，司机奖励10元。

1月21日，快的和支付宝将司机奖励提升至15元。

2月10日，滴滴将乘客车费补贴降低到每单5元，快的表示不变，仍然保持每单10元。

2月17日，滴滴打车宣布，乘客奖10元，每天3次；北京、上海、深圳、杭州的司机每单奖10元，每天10单，其他城市的司机每天前5单每单奖5元，后5单每单奖10元；新乘客首单立减15元，新司机首单立奖50元。

支付宝和快的也宣布，乘客每单立减11元。北京司机每天奖10单，高峰期每单奖11元（每天5笔），非高峰期每单奖5元（每天5笔）；上海、杭州、广州、深圳每天奖10单。

2月18日，滴滴打车开启"游戏补贴"模式：使用滴滴打车并且微信支付，每次能随机获得12~20元不等的补贴，每天3次。快的打车表示每单最少给乘客减免13元，每天2次。

3月底，滴滴打车公布，自补贴开始，其用户数从

第五章 变道

2200万增至1亿，日均订单数从35万增至521.83万，补贴达14亿元。虽然每单补贴已从最高峰时下降了三分之二，但每个月依然得砸下数亿元。

5月17日，滴滴打车和快的打车两款软件同时宣布取消乘客的打车补贴。但滴滴打车以两周年庆为名，推出打车红包分享活动：用户通过微信分享，可以抽取红包抵消部分车费；几乎同时，快的也推出了积分抵车费活动。两大打车软件的竞争并未停息，只是从"明补"过渡为"暗补"。

持续半年左右的补贴大战，惊爆了大众的眼球。根据事后披露的数据，两家公司在补贴大战中烧掉了30多亿元人民币，高峰时期每天花掉4000多万元。虽然之前也发生过团购网站的补贴大战，之后也发生过外卖补贴、电商补贴、短视频补贴等，但量级和影响程度都跟2014年出行市场中的这一次不能相比。出行平台是典型的双边市场，一头是乘客，一头是司机。过去，像微信的发展是一头先启动（C端用户），再用C端用户去撬动B端用户（公众号）进来。但在出行这个场景中，乘客的消费过程（乘车）与司机的服务提供过程（驾驶服务）是同时进行的，不能在时间上相互分离，所以这类平台只能两端同时启动，不可偏废，少了哪一方都不行。

事后来看，这次补贴大战虽然代价高昂，但也取得了应有的效果。一方面，补贴大战不但迅速发展了用户数，而且吸引了大量媒体跟进报道，在非常短的时间内就完成了市场教育，中国的老百姓一夜之间就知道了用手机可以打车。如果不采用补贴的方式，市场教育周期要长很多，花的市场教育费用也未必会比补贴更少。另一方面，也是最重要的，补贴大战为滴滴和快的后续的市场整合奠定了良好的基础。大战一起，除滴滴和快的之外的出行平台就都明白过来了，这个市场已经不是随随便便开发个软件就能玩的了。要下场玩，就得有足够的资金去进行补贴比拼，但融资恰恰又因为补贴大战而变得更加困难，因为资本方宁愿跟投给这两家公司，也不愿意再去扶持第三家。这时唯一的出路就是，抓紧时间找滴滴或者快的洽谈，看看能不能被它们收购。

原本在上海市场上，最大的出行平台是大黄蜂。这家公司2013年3月上线，很快就拿下了上海20%以上的出租车司机，是上海出租车司机师傅中最受欢迎的出行APP。结果在11月就卖给了快的，从此拉开了出行领域小公司加速死亡的序幕。大黄蜂被快的收购后转做租赁车业务——一号专车。嘟嘟叫车则就地转型，变成了家政服务平台——e家洁。

补贴大战打到2014年下半年的时候，整个中国的出行平台被滴滴和快的收编得差不多了，这两家公司合起来已经占据超过80%的市场份额。作为吃瓜群众，很多人期待接下来滴滴和快的之间的巅峰对决，毕竟这个市场就剩下这两家了，而且激战正酣。给人的感觉是，一个土豪背着一麻袋钱进了一家餐馆，把这一麻袋钱往桌上一拍，说：这个餐馆我包了，你们都给我出去。结果又来了一个土豪，背着两麻袋钱，也要包下这个餐馆。整个市场都在期待，接下来这两个土豪会怎么上演餐馆大决战。

然而，让所有人都跌碎眼镜的是，这两个土豪不但没有决斗，还把红地毯一铺，举行了一场世纪婚礼——2015年2月14日，滴滴和快的宣布合并！你看这日子选的，情人节这天，中国出行市场从双寡头竞逐瞬间变成了单一平台主导，合并后保留的品牌名称是滴滴出行。这一轮"海归"和"土鳖"的战争，以握手言和终结。

接下来，滴滴需要认真迎战全球出行的鼻祖——Uber。2014年3月12日，Uber在上海宣布正式进入中国大陆市场，中文名"优步"，支付业务与支付宝合作。经过一系列的本土化措施和Uber总部强大的资金支持，优步在中国大陆市场攻城略地，到2015年年底的时候达到了顶峰，号称拿下了30%~35%的市场份额。但另一方面，为了应对滴滴的竞争，优步付出了惨重的代价，成为Uber全球亏损最严重的区域，再加上政府监管政策趋严，最终在2016年8月1日，优步被滴滴收购。自此，中国出行市场滴滴一家独大，中国出行市场的赛道在揠苗助长般的补贴大战中得以铺就。

软银的全赛道布局

经过一番风云变幻，出行市场终于在2016年归于相对平静的发展时期。好事者发现，原来滴滴的二号人物柳青是联想创始人柳传志的女儿，而Uber中国的战略负责人柳甄是柳传志的侄女。再加上联想控股早就重磅投资了神州租车，并一手推动了神州租车在香港的上市。所以，把这些信息综合起来，不难得出一个结论：原来中国的出行市场姓"柳"。

如果中国的出行市场姓柳的话，那么全世界的出行市场就姓"孙"了，即大名鼎鼎的软银当家人孙正义。软银在互联网服务领域取得巨大成功之后，迅速发掘出出行领域的巨大潜力，最近数年在全世界范围内重磅布局。2013年4月，软银投资欧洲的顺风车平台FlightCar，4个月之后的8月又领投了网约车鼻祖级公司SideCar。这两笔投资都不成功，但让软银认定了出行领域的机会。

之后，软银在出行领域的布局开始狂飙突进，在5年的时间里至少投资了23家出行公司，让软银在全球出行市场中的地位直线上升，目前孙正义可以影响到全世界一半以上的出行业务。现在，软银同时是Uber、滴滴的最大股东，也是

Grab（总部在新加坡，业务覆盖东南亚市场的出行平台）和Ola（印度市场最大的出行平台）的大股东，未来极有可能变成第一大股东。

在资本介入之后，全球出行市场以软银为核心开始了重新整合。其一，2017年一直主张全球化扩张的滴滴开始大幅度收缩海外战线，一心做好专车业务，尽快实现盈亏平衡。其二，2017年7月，Uber宣布将俄罗斯在内的东欧五国的出行业务与俄罗斯本地出行平台Yandex NV合并，两者成立新的合资公司，Uber在新成立的实体中占有36.6%的股份。其三，2018年4月，Uber宣布退出东南亚市场，将其东南亚业务全部交给竞争对手Grab，换取了Grab公司27.5%的股份和一个董事会席位。其四，Uber加重了在北美、欧洲、澳大利亚和印度的布局与业务运营。

从以上动态可以看出，软银为全球出行市场划定了各自的"势力范围"，Uber主攻发达国家的成熟市场，而其他市场则由各自当地运营商负责，避免了各个平台在应对竞争上的相互消耗。显然，软银不希望任何一个平台"赢者通吃"，而是百花齐放、各擅所长。应该说，经过这样一番布局之后，网约车业务基本格局已定。

如果说网约车仅仅是互联网出行服务平台的话，那么自动驾驶的业态可就丰富多了。首先，从最终结果来看，自动驾驶会演变成一种流动服务系统，把所有固定的服务终端全都塑造成流动服务窗口,并且利用人工智能技术作为全新的驱动力量。其次,在实现这一目标的过程中,离不开网络基础服务(如5G技术)、超大规模运营平台的搭建、独有的业务场景、汽车全产业链的传统技术,当然,也离不开市场教育和全新从业人员。再次,既然是流动服务系统,那就必须基于空间位置技术,所以地面交通导航和地图服务至关重要,未来还会需要三维空间技术或者地图服务之上的"空图服务"。应该说,自动驾驶对整个人类社会的改造将极其深刻,这种深刻在于,过去是物理环境静止,人在物理环境中流动;未来是人静止,物理环境流动,并可以随时以人为中心重建;再往后,人和物理环境同时流动,随时随处重建。

软银在网约车业务布局结束之后立刻抽出身来,面向网约车下一个升维赛道的抢占,这个赛道就是自动驾驶。目前,软银已经投资的有以色列激光雷达公司innoviz、高精度地图公司mapbox、极奥科技,自动驾驶技术方案商NAUTO,还斥资22.5亿美元投资了通用Cruise无人车,再加上2016年巨资收购的英国芯片巨头ARM。[1]如此一来,软银搭建起了从软

---

[1] 2016年7月18日,日本软银集团和英国芯片设计公司ARM共同宣布,双方达成协议,软银集团以243亿英镑的价格收购ARM公司。ARM总部位于英国剑桥,成立于1990年,被软银收购前是英国最大的上市科技公司,该公司不自主生产芯片,只从事芯片设计的授权业务,几乎全球所有的智能手机都采用了基于ARM架构的芯片。

第五章 变　道

硬件解决方案，到全球各地运营平台的完整生态体系。未来，通用造自动驾驶车，滴滴、Uber运营自动驾驶车，而全世界的老百姓则享受流动服务！

相比于中国市场上的参与者，软银在出行领域的全赛道布局目光更加长远。不仅看到了出行赛道的空间扩展性，而且瞄准了出行赛道本身的升维进化机会——自动驾驶。一方面，软银借助Uber这一主平台，非常巧妙地实现了自身力量在全球范围内的释放，更像是不同地区出行赛道的建设者，只在部分有利可图的地区担当运营者的角色。这种扩展赛道的做法类似于我们下一章将要讨论的刷新模式，是将成熟的商业模式带到陌生的地区，进而开拓出全新赛道的做法。另一方面，软银在自动驾驶上的布局为出行下一步的升维奠定了基础，只要稍加改造，出行平台就可以升维成自动驾驶的车辆调度与运维系统。可见其野心之大！

滴滴野蛮变道

滴滴一手依靠补贴迅速增加用户数量，另一手强力实施业务变道。在培育起"滴滴打车"这个赛道之后，2014年8月滴滴变道出了"滴滴专车"。滴滴打车和滴滴专车从商业模式来看没有什么不同，但使用场景完全变了，即车没变、路变了。滴滴打车应对的是市内交通,而滴滴专车面向的是港口、码头、飞机场、火车站等目的地的商务出行。

关键在于,变道策略在商业上是非常粗暴的,在一个优势商业模式侵入一个全新的场景之后,往往会迅速改变被侵入场景的既有生态,形象来讲,就是把整条赛道都给堵死了。滴滴只要上了别人的路,别人就无路可走。推出专车之后,其他专车公司就很难生存下去,这些专车公司融资的时候,都会受到投资方的灵魂拷问:滴滴也推出了专车服务,你怎么应对?

中国第一家专车出行平台也是只做专车业务的公司——"易到用车"。在滴滴上线专车业务之后,该公司业务迅速萎缩,不得不在2015年10月向已经奄奄一息的乐视控股出让了70%的股份,不到两年又跟乐视分手,周航等易到用车的创世团队离职。之后,易到用车被韬蕴资本接盘,几经挣扎再未东山再起。

接下来,2015年7月,滴滴又变道出了"滴滴代驾",商业模式仍然跟打车一样,用户打车实际上打的是司机,至于司机是怎么来到用户面前的,其实无关紧要。所以,从这个角度来讲,滴滴可以打车,就自然可以"打"代驾司机。滴滴一做代驾业务,中国最早做代驾也是只做代驾业务的平台——e代驾——的日子就不好过了。这家比滴滴成立还早的公司(2011年成立),过去一直是代驾领域的国民级应用,但在滴滴推出代驾业务之后,迅速销声匿迹,现在市场已经很少能够听到这家公司的声音了。

这些生长在不同赛道里的公司，在面对滴滴的变道竞争时，几无胜算。因为滴滴可以进行跨赛道的补贴，而这些垂直应用却很难。滴滴可以给打出租车的用户补贴专车券，给专车用户补贴代驾券，这种多赛道的联合补贴让垂直赛道上的企业望尘莫及，只能举手投降。变道的威力，正在于此。

记得2016年的时候，我跟滴滴的高管介绍这个"变道"进化策略的时候，他们听完后表示很有意思，说："杨老师，你们这些教授很会归纳，我们确实是这么做的，但没归纳出'变道'这样的说法。"我回应道："教授可不只是会归纳，还会预测。"基于变道逻辑，滴滴未来至少还有两次重大的变道进化机会。

在我看来，滴滴第一个重要变道机会是——"滴滴打人"。既然可以"打"一名代驾司机帮我开车，那可不可以"打"一名阿姨上门做保洁？商业模式丝毫不用改变。如果可以的话，那58到家和e家洁将迎来强劲的竞争对手。"正好"这些赛道内的企业已经花费了好几年的工夫把阿姨们都培训好，让她们都习惯了用手机接单，以规范的流程服务。滴滴有能力将这个垂直赛道里的阿姨资源一网打尽，只需要提供跨赛道的出行补贴即可：阿姨用滴滴接单，青桔单车（滴滴自有品牌的共享单车）免费骑；对于金牌阿姨，滴滴专车免费接送。

如果用滴滴可以打阿姨上门做保洁的话，那可不可以用滴滴打一名美甲师上门美甲？如果可以，那河狸家怎么办？"正好"河狸家已经花费了好几年的时间把美甲师们都给培训好。接下来，可不可以打一名厨师上门做饭？可不可以打饭？如果可以，那么美团和饿了么将迎来强劲的竞争对手。事实上，滴滴外卖曾经试水过，而且Uber平台的一个重要业务分支就是外卖（约占10%的业务量）——Uber Eats。总而言之，所有的上门服务其实都在滴滴商业模式的射程范围之内，只是要看滴滴的取舍而已。

滴滴的第二个重要变道机会是——"滴滴打货"。既然滴滴在不雇用司机也不持有车辆的情况下，就可以把一名乘客从A点送到B点，那滴滴可不可以同样在不雇用货车司机和不持有货车的情况下，把一件货物从C点运到D点呢？如果可以，那些同城快递赛道里的公司怎么办？需要自己租用场地、自己雇用员工、自己拥有货车的公司，如何才能与滴滴的变道竞争对抗？更加重要的是，滴滴可以让人和货同车，在载人的时候拉货，在拉货的时候载人，这个场景的实现对于滴滴来讲，只需平台数据匹配算法的优化调整就可以做到。一直深耕同城货运的"货拉拉"又该何去何从？

总而言之，变道进化需要两个前提条件：成熟的商业模式和现成的赛道。如果没有赛道中既有企业的深耕，滴滴变道的难度将会很大。滴滴专车之所以可以轻易变道成功，前提是易到用车们已经把专车这条赛道给蹚平了，滴滴代驾的出现当然也得益于e代驾们在代驾这个领域的深耕。所以，变道是变换赛道，但并不改变道路本身。这跟我们将在第六章阐述的刷新进化，有着本质不同。

跨界互搏

既然变道是成熟商业模式对不同赛道场景的选择，那自然意味着变道是双向的。滴滴可以变道到其他赛道，其他赛道的企业也可以变道到出行。滴滴和美团的变道互搏就是一例。

外卖业务诞生于桌面互联网，成熟于移动互联网，颠覆了国人的就餐方式，经历过极度惨烈的市场厮杀。作为互联网的"老人"，外卖虽然盈利预期不甚明朗，但却是个非常独特的互联网业务场景。第一，外卖依靠线上线下联动，所以运营较重，一方面要确保线上流量，另一方面要搞定地面商户和配送体系，这是个"慢功夫体力活儿"。第二，外卖是高频业务，相比于购物来讲，吃饭是头等大事，是真正的刚需。虽然目前的外卖市场渗透率仅为个位数，但已经支撑起了好几家外卖巨头的业务量，美团和饿了么的日均成单量都在1000万单以上，未来发展前景不可估量。第三，外卖是绝佳的支付入口，每一笔订单都需要支付参与。这对蚂蚁金服和微信支付来讲，必然是其必争之地，所以蚂蚁金服早早就投资了饿了么，腾讯早早就收购了大众点评并一手促成了大众点评和美团的合并。第四，外卖的技术底层之一是线路规划，线路规划决定了供需匹配，而准点率也跟线路规划密切相关，这导致外卖是时间敏感型的业务，高度依赖地理位置服务。

上述特点意味着虽然外卖不赚钱，但外卖业务的变道潜力却相当广阔。外卖业务稍加变道，就可以切入同城快递，以及生鲜配送领域。基于这样的逻辑，美团打车的出现一点儿都不奇怪，甚至还会有美团支付、美团快递、美团生鲜配、美团快修，等等。外卖可以切入出行，同样，出行也可以切入外卖。外卖所需要的路线规划能力恰恰是滴滴的核心竞争力，既然滴滴可以规划客流的路线，那么当然也可以规划物流的路线，所以滴滴打饭也就不足为奇了。

正是在车（商业模式）和路（赛道）的不断匹配中，中国的本地生活服务业场景才实现了一个又一个的数字化改造。目前，中国的本地生活服务业是世界上规模最大的，也是数字技术应用最为深入的。美团、饿了么这样的综合生活服务平台，是最具中国特色的互联网应用之一，是中国互联网丛林里诞生的全新物种。

第六章　刷　新

　　数字商业进化的第三种方式是刷新——就跟点击浏览器的刷新按钮一样，重新出发，寻找新的目标。萨提亚·纳德拉的《刷新：重新发现商业与未来》讲述了他2014年接手微软管理大权之后，带领信息产业巨头微软重新崛起的历程。纳德拉把自己推动微软进化的策略归纳为"刷新"一词，意指每个组织在发展到一定程度之后，都会产生组织僵化和创新力不足的问题，这时就需要点击刷新按钮——重新注入活力、重新焕发生命力、重新组织并重新思考组织存在的意义。

　　本书借鉴"刷新"一词，但对这个词语的商业意义赋予更多的内涵，也就是我们先"刷新"刷新这个模式。不同于纳德拉带领微软完成的组织重塑，本书关注的重点在于商业模式的进化,因此,我们这里所提到的刷新是指给现有的产品或业务结构赋予全新的商业含义。本质上来讲,此刷新跟彼刷新一样,都可以形象地比喻为点击刷新按钮——网站的结构没变,但刷新之后的内容变了。只不过,这里谈得更多的是指刷新赛道而非组织。

我们在本章重点讨论手机产业的刷新进化历程。

暗潮汹涌

手机的诞生源于摩托罗拉工程师受电视剧《星际迷航》的启发。1973年4月3日,摩托罗拉公司位于纽约曼哈顿的实验室传来喜讯,实验室工程师马丁·库帕(Martin Cooper)向世人宣布了他们的一项重要研究成果——世界上第一部手机!随后,库帕拿着这部样子有些奇特的笨重家伙走出办公室来到曼哈顿的大街上,恶作剧一般将世界上第一通由手机拨出的电话打给了自己长期的竞争对手——贝尔实验室的科学家尤尔·恩格尔(Joel Engel),令后者震惊不已。从此,一个叫作"无线通信"的新时代向世人拉开了大幕。因为手机这一伟大发明,库帕被称为"移动电话之父"。此后10年,他带领团队对手机进行了5次重要的技术革新,让手机变得更轻更小。1983年,摩托罗拉正式在市场上销售手机产品。

第六章 刷 新

这时,库帕选择离开摩托罗拉自己创办公司,但一生致力于手机的研发和商业化推进。

无线通信的技术突破预示着巨大的市场红利,而中国庞大的人口基数必将成为重要的无线通信市场。从20世纪90年代以来,中国政府加快了电信业改革和重组的步伐,1994年成立中国联通,1999年成立中国移动,充分释放了中国电信业的潜力。当然,这也让手机这个最重要的移动通信终端产品在中国大地上上演了一出跌宕起伏的大剧。

让我们以蒙太奇的手法,快速回顾手机领域发生的几次重要事件。[1]

第一幕

摩托罗拉推出手机之后,开启了移动通信的时代。但长期以来,真正执移动通信技术之牛耳的,却是1985年在美国加州圣地亚哥成立的高通公司（Qualcomm）。我曾有幸去高通公司总部进行过短暂交流,给我最大的冲击就是这家公司的"专利墙"。在高通总部办公楼,只要有墙的地方,墙上都密密麻麻贴满了高通取得的技术专利,数量之多令人震撼。从码分多

---

[1] 有关手机产业的重要事件整理,得益于跟产业内诸多成功人士的讨论学习,包括摩托罗拉的高管、联想手机的高管以及各大运营商的领导,在此不一一列出了,但心怀感谢。当然,文责自负。

址（CDMA）技术起家，这家通信巨头手握13万项技术专利，并且通过精明的商业运作，这13万项专利足以撬动数百万项其他公司的专利围着高通玩。也就是说，高通是通信领域"技术标准的技术标准"，这是一家以贩卖技术标准立业的公司。

高通以无线芯片（CDMA）的专利垄断为基础，在市场上大肆进行"专利反向授权"，然后再向客户强推专利组合。"没有授权，就没有芯片"——这句话已经成了高通的代名词。通过这样的做法，高通牢牢掌控了智能手机这个产品，全球85%以上的智能手机必须向高通缴纳专利费，而很多手机厂商，尤其是那些大公司，基本上100%都要向高通缴纳专利费。相当于，高通这家公司可以向手机这种产品征税，能做到这种程度的，除了政府，也就剩高通了。

虽然高通已经做到了只手遮天，但在其专利铁幕下仍然留出了一个缝隙，这个缝隙被中国台湾的一家企业给抓住了。

第二幕

手机里面最核心的是通信功能，由基带芯片来承载。在功能机时代，通话是手机的主要功能，所以基带芯片是功能手机的核心。随着手机功能的扩展，收音机、照相机、MP3、视频播放、游戏等功能都被植入手机里面了。如果只用基带芯片来实现这些功能，会严重干扰基带芯片的通信处理性能。

所以，需要单独为多媒体应用的计算处理建立一套模组，这样手机里就有了两套芯片系统，一套是负责通信处理的基带芯片，而另一套是负责多媒体应用的模组。但问题是多媒体应用涉及的芯片和元器件五花八门，要完成这么多芯片和元器件的调试是很艰巨的任务，这大大增加了手机的研发难度。

这时，就该轮到台湾的联发科技（Media Tek Inc.）登场了。联发科成立于20世纪90年代，早些年只是一家研究光盘存储技术和DVD芯片的厂家，核心的技术创新是把DVD内承载视频解码和数字解码的两颗芯片整合到一颗芯片上并提供软件解决方案。当时的VCD播放机价格很贵，一般家庭承担不起，针对这一问题，联发科设计了一整套系统解决方案，让VCD播放机的进入门槛大幅降低，带动了VCD播放机向大众家庭的普及。联发科凭借这一技术，拿下了超过50%的市场份额，成为全球第一大CD-ROM厂商。

后来VCD播放器市场萎缩、竞争加剧，但手机市场开始迅猛发展，联发科看到了自身技术的变道可能性。由此，联发科着手开发了一套手机的多媒体解决方案，相当于将手机中多媒体应用相关的软硬件整合到一起，然后再挂接到通信基带芯片上。这样一来，手机厂商的研发门槛就被大幅度降低了，那些想要推出手机的厂商，只要采用联发科的解决方案，剩下的，只需购买屏幕、摄像头、外壳、键盘等简单的零部件就可以出品手机了，研发效率大大提高，研发周期缩短到半年以内。联发科的这套解决方案一经推出，就受到了手机厂商的大力追捧。

第三幕

联发科的模式催生出一个巨大的产业——山寨手机。2003—2008年，是中国移动通信实现跨越式大发展的时代。联发科凭借其"保姆式的"芯片解决方案，携手大陆的手机厂商一道，缔造了属于自己的小时代。2003年，联发科推出了第一款单芯片手机解决方案，集成了通信基带、蓝牙、摄像头等模块，只需添加不同的元器件和外壳就能组装出成品手机，生产周期低至数周，价格下探到数百元。要知道，国际大厂摩托罗拉和诺基亚的畅销机型售价当时都在5000元以上，而联发科却将手机的价格直接做到了地板上，不到其十分之一。

如此低的资金和技术门槛，催生出了深圳和东莞地区数不清的手机厂商。再加上2007年中国发改委和工信部取消了手机生产的核准制，"山寨手机"一时间蔚然成风。截至2006年年底，联发科的手机芯片出货量累计超过1亿套，以40%的市场占有率成为中国手机基带芯片第一供货商。到了2007年年底，联发科拿下了大陆手机芯片市场90%以上的份额，国际大厂品牌在山寨机的围攻下节节败退。联发科成了名副其实的"山寨机之父"。

"山寨"一词,还很快从手机领域蔓延开来,成了一种"山寨文化"现象,其含义也在不断扩大。甚至有人认为山寨文化反映了草根创新、群体智慧,如同武侠小说里的故事:先以非常规手段游走于主流圈子边缘,然后逐渐做大,最终向正统权力发起挑战,甚至取而代之。[1]

第四幕

与山寨机相伴随的,是中国通信领域中的一个独特的商业玩法——终端套利。

我们知道,运营商的基本商业模式是发展客户然后维系客户,从客户每月缴纳的通信费获取收入,也就是套餐收入。但是,客户想要使用运营商的服务,就必须要有手机终端。从这个角度来讲,手机终端就是运营商通信服务的销售渠道,不可等闲视之,只有掌控了这个渠道,运营商才能安稳地坐地收费。尤其是涉及通信技术跃迁(例如,2G到3G),即需要用户更换手机的时候,终端的重要性就更加显著了。基于此,运营商可以自然地得出一个结论:如果能够在新业务套餐里

---

[1] 关于"山寨现象",中央电视台《中国财经报道》栏目组曾进行过详细报道,文字资料参见中央电视台《中国财经报道》栏目组:《山寨来了》,北京,机械工业出版社,2009。

解决终端的问题，那么对用户和运营商来说，就是双赢的。

举例来讲，运营商为了让用户从2G套餐更换到3G套餐，就可以推出"预存话费送3G手机"这样的活动，一方面降低了用户的换机门槛，另一方面，也更长周期地维系住了这名客户，还推广了3G套餐。何乐而不为呢？这种交叉补贴的商业模式在当年从2G向3G迁移的时候，是各个运营商的标配。运营商都成立了专门负责终端的部门，目的就是通过终端补贴的方式拉动套餐销售，运营商给一部手机的补贴在50~200元不等。这笔补贴可不是小数目，在手机利润微薄的情况下，运营商的终端补贴对于手机厂商来讲就是纯利润，所以大量国产手机厂商当年就是依靠运营商补贴才能活着。

本来这样的商业思考没有什么毛病，用户得实惠、运营商赚钱。然而，再完美的商业模式都有漏洞，而且这个漏洞还很大。原因在于，套餐是服务，而手机是实物。服务是边生产边消费，不消费就不提供，运营商了解用户有没有消费服务非常容易，通过手机号就一目了然；而实物拿到手后，运营商就没有什么掌控力了，你不能阻碍用户把手机再转卖出去。一个套利空间就出现了。

具体做法是，手机厂商以手机争取运营商的终端补贴，成为运营商的定制机，然后进入运营商的"预存话费送手机"业务套餐包；之后在销售渠道里完成话费和手机的分拆，话费套餐继续在渠道销售，手机则离开渠道重新回到手机厂商手里，然后重新改写这款手机的序列号（International Mobile Equipment Identity，IMEI），相当于给这款手机重新赋予身份；再用这款手机去争取运营商补贴，再次成为定制机，再次进入套餐包，再次分拆，再次改写IMEI号，再次循环。这种套利手法构成了当年运营商套利模式中非常突出的一种，当然，还有其他一些套利方式，在此不再展开。一般来讲，一款手机可以在一套体系里空转上五六次，极端疯狂的时候，就连手机这个实物都可以不用存在，弄个符号代表这套体系就可以转起来。

以上四幕，以快闪的方式勾勒了2010年以前手机行业，尤其是中国手机业的大致轮廓。接下来，该主角登场了。

一股清流

2010年，当雷军和其他几位创始人在北京银谷大厦一同喝下一碗小米粥的时候，估计他们也没有想到后来的小米公司会发展得如此迅速，更没想到会遭到那么多的质疑。那个时候的他们看到了智能手机行业中蕴藏的巨大机会，尤其是在2009年以天使投资人的身份拜访了魅族的创始人黄章之后，刚从金山退下来的雷军打定主意要刷新手机行业。

当然，新的时代预示着全新的商业模式。当时中国的手机市场已经开始全面向智能手机迁移了，当红的是苹果和三星这两大品牌，还有来自台湾的HTC，以及大陆品牌中兴、华为、联想、魅族、天语、酷派等。对于一家智能手机厂商来讲，千元机是起步机型，但是手机行业的特点决定了进入门槛很高，并且核心技术也都没掌握在国内企业手里，因此当时很多有资金实力的制造商并不愿意涉足手机制造领域。

要知道，对于一部千元机来讲，单纯物料成本基本上就会占到价格的一半，剩下运营、管理、营销差不多又占了一半，所以手机行业的利润率很低。而作为手机制造商来讲，核心芯片和屏显等关键零部件都要依靠高通、三星、夏普这样的大厂，初创企业在这个庞大的生态体系中根本占不到便宜。设想，你是一家刚刚创业的小公司，如果你要跟上游供应商谈判采购芯片的话，人家就会问你采购量是多少，你说"1万套"吧，这个数据已经是你咬着牙承诺的了，但这些大厂根本不会理你，因为开一条芯片生产线的起步产量是10万套。所以，除非你承诺一年有10万套的采购量，否则你拿货的可能性都很小。即便你承诺了10万套，你也拿不到优惠价格，因为你的采购量对这些大厂来讲还是太少，但对你自己来讲已经是极限了。如此一来，小型创业公司在大厂林立的手机生态圈很难玩得转。

第六章 刷 新

更加要命的是，当你好不容易搞定了上游供货，辛辛苦苦把手机成品做出来，又会面临下游经销商的反制。当你跟经销商谈手机销售合同的时候，经销商就会问你"给多少佣金？"你说"10%吧"，没人理你，因为三星都给15%。你一咬牙一跺脚也给15%，经销商还是不会理你，因为他们销售三星手机很轻松。三星具备强大的资金实力，在市场上采取的是"推拉结合"的策略，密集的空中广告加上强力的地面推广，用户到柜台是直接奔着三星手机去的。而你这个名不见经传的品牌，经销商要付出多大努力才能形成有效销售啊？结果是，你把佣金提高到了20%，经销商才勉强愿意接受。

上游、下游两下一夹，手机制造商的回旋空间就十分有限了。这就是传统手机制造业的普遍难点。小米作为一家刚刚成立的手机公司，面对如此残酷的市场现实，该如何破局呢？

粉丝参与感

小米成立的第一年并没有研发手机，而是致力于打造一款为中国人深度定制的操作系统——MIUI，中文名叫"米柚"。这款操作系统实际上是基于安卓开源平台的 ROM（Read Only Memory），相当于是刷机包，用户安装了之后，呈现出来的用户界面是 MIUI 系统的，但 MIUI 系统的底层运行仍然是安卓操作系统。由于当时国内没有智能手机的可用操作系统，而苹果系统又是封闭的，只有安卓开源，所以国产手机厂商全都采用这种方式来开发属于自己的定制化操作系统。

2010年8月16日，作为小米公司的第一个产品——内测版的MIUI——上线测试，支持机型为HTC Nexus ONE。第一批内测的用户为100人，被雷军称为"梦想的赞助商"。HTC当时是安卓阵营里最重要的手机厂商，是谷歌推出硬件产品时的天然合作伙伴，被誉为"谷歌的硬件后花园"，以致后来HTC经营不善，谷歌干脆就将这家公司收购了，专门服务于谷歌自身的硬件开发。小米公司开发的第一代MIUI测试版选择支持HTC的机型，相当于是玩了一把"借尸还魂"的操作，鼓励测试用户购买HTC手机，然后刷机改用小米的操作系统，从而检验小米的软件系统与手机这个硬件的适配能力如何。这些"梦想赞助商"把自己HTC手机的操作系统刷成了小米的MIUI，然后使用HTC手机来运行MIUI，查找软件设计缺陷和需要改进的地方，再回到米柚社区反馈。小米的工程师根据测试用户反馈来优化提升，形成新的迭代版本，重新推送给用户，再进行体验优化和迭代开发。这样一来，小米的社群运营其实从米柚开始就已经成型了。这种"迭代优化"的模式，小米一直沿用到了现在，MIUI仍然保持"大版本一年一更新，稳定版的小版本不定期更新，开发版的小版本每周五更新"的迭代开发逻辑。

一年过后，MIUI借助这个借尸还魂的办法成功解决了软硬件适配的问题，变成了一套相对比较成熟的定制化操作系统。在迭代开发的过程中，米柚社区的用户也在不断增加，积累起了坚实的用户基础。如此一来，小米推出手机的时机也就成熟了。

与之前提到的小创业公司不同，小米经过一年的社群运营已经积累起了100万以上的粉丝，这使得小米在面对上游大厂的时候有了充足的信心。从上游来看，小米一旦做手机，那应该是每年千万台的出货量，因为米柚社区的用户都会是小米手机的稳定客户。除此之外，再加上小米公司自身的营销活动和雷军本人的推动，小米手机的年均出货量超过1000万台应该不是什么问题，后来事实证明确实如此。这对上游芯片和其他供货商来讲可是一笔大生意，谁都不想丢掉小米这个大客户。既然如此，那么谈判的主动权就转移到小米手里了。上游来跟小米谈供货的时候，小米就可以趁势对硬件性能提出要求，达不到就回去研发，所以小米用潜在市场容量倒逼了上游供应商的技术性能提升。这就是小米"发烧级硬件"的来源。

除了硬件性能，就要谈到价格问题了。既然手握每年千万级出货量的潜在订单，那么小米在价格谈判上的主动权也很大。针对可以提供同等性能元器件的厂商，小米完全可以让它们相互比价，以压低自身的采购价格。这就是小米"极致性价比"的一个重要来源。

　　说白了，小米携用户以令诸供货商，从而在硬件采购上占得先机，打造出具备发烧级硬件性能和极致性价比的手机产品。传统手机创业公司面临的上游困境，被小米以互联网社群的打法轻松破解。

　　拿到上游供货之后，小米做出了手机，又玩了一招工程机"种草"活动。2011年8月29—31日，小米公司以1699元的价格销售小米工程样机，每天限时抢购200台，总共600台。小米工程样机只面向米粉抢购，在MIUI、米聊、小米论坛中积分超过100的用户才有资格抢购。抢购成功的用户会获得小米终身荣誉会员勋章一枚，出现硬件质量问题可以免费退换货。拿到工程样机的米粉们会第一时间将使用手机的体验反馈回小米社区，用于工程师的迭代优化。小米还规定，量产手机上市后，米粉可以用工程样机免费换一台全新的量产机，但这样做的用户不再拥有小米终身荣誉会员勋章。如此一来，那些抢到工程样机的用户感觉像中了彩票一般，不遗余力地帮助小米改进手机的设计，并且基本上都将工程样机作为值得纪念的产品保留了下来。而小米不费一枪一弹，就完成了第一轮的产品种草活动。要知道，过去诺基亚和摩托罗拉这样的公司都保有一个庞大的测试工程师团队，专门对工程样机进行全方位的测试，只有经过详尽工程测试之后，量产机才能上市销售。而小米相当于让米粉们承担了工程样机的测试工作，大幅节约了测试成本，还顺便完成了第一轮的市场推广。小米称这种做法是为米粉们创造"参与感"。[1]

极致性价比

小米第一代量产手机正式发布的时候，这种网上预约销售的方式也被正式保留下来了。同时，也让小米实现了从下游经销商体系里的惊天大逃亡。针对小米手机，线下经销商原本是非常期待的，一则小米的出货量会很大，对于经销商来讲是笔大生意；二则小米"从一而终"的定价方式，让经销商看到了不用收取佣金就敢进货的机会。

这一点怎么理解呢？我们稍微扩展一下。像三星、摩托罗拉、诺基亚这样的大型手机厂商，都拥有庞大的研发团队，为了充分发挥研发团队的效用，这些大厂采用的都是并行的管道化研发思路，会同时推进高、中、低档三条研发管道，每条研发管道里面都有很多处于不同研发阶段的手机产品，这样才能把研发团队的能量发挥到极致。由此，研发的并行推进导致这些大厂通常会在市场上同时推广很多种产品，而

---

[1] 黎万强：《参与感：小米口碑营销内部手册》，北京，中信出版社，2014。

为了集约化使用推广营销的费用,这些大厂就需要针对多样化的产品形成产品梯队,意味着不能在所有产品上平均用力,应该有主打产品,然后由主打产品带动其他产品销售。这种方式我们可形象地称之为"雁阵模式"。例如,三星每次都把大部分的营销预算花在主打的两款产品——S系列和Note系列上,通过这两个系列来提升三星品牌形象,进而带动三星其他型号手机产品的销售。

雁阵模式之外,手机行业的周期性特征非常明显,用户的换机周期基本上在一年半到两年,所以手机厂商也依据这个周期来研发和推广产品。通常来讲,一款手机从上市到退出市场,基本上都会经历三个步骤:早期推广、中期渗透、后期清库存。基于此,手机大厂们传统上采取的策略是:让价格跑赢成本。什么意思呢?一款手机刚上市销售的时候,定价比成本要高;随着销量提升,规模效应显现,成本会随之下降,大厂们一般也会向下调整价格。第一轮价格调整通常发生在手机上市6个月左右的时候,是为了推进这款手机的市场渗透。又过了半年左右的时间,大厂们通常会再次降价,目的则是为了清理库存,以便为半年后新一代手机上市腾出市场空间,所以降价幅度一般会很大。总体上看,在总共18个月左右的推广周期中,价格和成本都会随销量增长而下降,只不过价格下降的速度会快过成本的下降速度。到了最后一个阶段，价格甚至比那个时候的成本更低，即便亏损都要尽快清理库存。这就是大厂们的玩法。[1]

小米不是大厂，玩法自然不同，甚至正好与之相反。小米是让成本跑赢价格。具体做法是，小米的一款手机从上市到退出，价格保持不变。这就意味着，上市销售初期，每台小米手机的成本是高过价格的。因此，对于传统经销商来讲，这里面的机会就是早期以小米市场价进货，而通过加价的方式转卖出去即可赚钱，因为早期用户能够接受的价格是比市场价更高的，所以只要"平价进、加价出"，经销商就能赚到钱。但小米并没有给传统经销商这个赚钱机会，而是选择线上自有渠道销售，一下就把经销商给越过去了。

当然，越过经销商并不是小米的真正目的。小米的这种刚性定价方式，意味着小米必须从一开始就解决销量的问题。即小米需要在实际出货之前，囤够足以能够把成本分摊到价格线以下的需求，才敢真的发货。这就是小米的期货模式。本质上来讲，期货模式是要让需求在产品上市之前释放，以此增大市场的确定性。这就跟传统大厂的玩法完全不同了，大厂们是把产品一脚踢向市场，然后通过营销投入和价格调整的配合来推动产品在市场上扩散。小米的做法正好相反，先慢慢归集和确

---

[1] 手机大厂们的玩法总结，得益于与前大可乐手机总工程师、纳博特工业机器人创始人张晓龙先生的讨论交流。

认需求，然后再集中一个时间点把产品踢向市场完成扩散。

让我们通过小米2代手机在新浪微博上的专场销售活动来体验这个过程，我当年全程参与了这个专场的抢购活动并且成功抢到了一台小米2手机。2012年12月19日，小米的官方微博账号开始发布信息，说明将于12月21日中午12点进行小米2代手机的专场销售活动，用户转发小米的推广微博即有机会中奖，奖品是一部小米2代手机。结果这条微博一出，在很短的时间内就被转发了233万多次，收获评论81万条，相当于小米没花广告费就让全国人民都知道了小米2代手机要上市销售的消息。而通过这个数据，小米也完成了第一轮的市场测试——打个折，微博上至少有150万人对小米2代手机感兴趣。这是第一步。

第二步，小米规定，在12月20日24时之前完成预约，即可获得小米手机专属微博勋章。当然，前提是用户要先开通"微博钱包"功能并预存2000元购机款（手机价格是1999元），才有资格预约。这是小米的第二轮市场测试，通过这轮测试的基本上就确定是小米2代用户无疑了，后来小米官方数据显示，预约用户总共达到了133万人。

第三步，12月21日中午12点，抢购活动正式开始，结果只用了5分14秒，5万部小米2代手机就被抢购一空。一度造成新浪微博钱包功能因访问量过大而宕机的情况。

第六章 刷 新

第四步，抢购成功后，小米会给你发一条微博私信，大致的意思是恭喜你抢到了小米2代手机，你的微博钱包里预存的费用已经被小米扣掉了1999元的手机款，接下来你抢购的小米2代手机将由小米旗下的快递公司"如风达"负责运输交付，估计过几天就能收到手机了。

手机还没发货，资金已经回笼了。小米期货销售模式的要害，根本不在于多少人转发、多少人评论，甚至不在于多少人预约。真正的威力是，背后奇高无比的资金周转率！传统大厂的模式下，经销商押款是顽疾，资金周转效率大打折扣，而手机的客单价又相对较高，所以传统做法严重制约了整个产业链的资金效率。小米的期货模式成功破解了资金周转难题。

慢营快销

一手携用户以令供应商，一手线上期货营销，小米打破了传统创业公司在面对上下游时的两难困境。所以，小米模式是对整个手机产业链的重塑，而非简单的互联网营销。即便是营销，小米也是最会营销的公司，因为小米领悟了营销的真谛——营销的本质，是让销售变得没有必要！营销是两个字——营和销，想要让销售变得没有必要，那就必须花精力在"营"上。营什么？营造社群，营造消费文化，营造销售场景。大部分企业把营销理解片面了，把营销等同于销售，所以把90%以上的精力花在了销售上。小米在营和销上重新分配了精力投入，花大部分的时间在粉丝文化的塑造和社群的运营上。有了前面的营，销就变得简单多了。

从2010年成立到2015年，小米在手机领域一路高歌猛进，成为互联网思维的标准范式，引来大量追随者，刷新了国产智能手机这条赛道，俨然中国手机业的一股清流。

从一粒米到一碗粥

中国的手机行业向来不乏商业模式临摹者，一旦某个模式取得成功，就会招来大家显微镜级别的打法拆解，然后就会涌现出一大批"模式致敬者"，迅速把模式红利吃干净。之前的山寨手机泛滥，接下来的互联网模式打法，其实都是同类模式的残酷较量。小米好不容易在吸收了魅族精华的基础上走出了全新的模式。此外，锤子手机也在罗永浩的带领之下走上了粉丝经济之路，还有像大可乐这样的品牌也在后面猛烈追赶。更为重要的是，上游供应商和下游经销商似乎同时受够了小米的盘剥，准备反戈一击了。

小米的两把刷子

小米重构手机价值链依托的是"用户直连制造"（C2M）和

"泛会员营销"，前者的具体操作是通过米柚社区等吸纳社会化力量，再反向传递给上游供应链，达到迫使供应方就范的目的，同时为用户创造所谓的"参与感"。后者的具体操作是通过线上和线下活动广泛建立用户触点，构建一种准会员体系（psy-membership），并依托线上线下进行活动，为最终销售埋好伏笔，也就是小米引以为豪的"粉丝经济"。这两种方式的内在主线是从一开始就把用户需求深入贯穿到了全流程，这是一种在理论上臻于完美的模式，打破了传统上推（广告宣传）、拉（渠道促销）结合的操作思路，让研发、排产、库存、销售都变得更加主动，更加有条不紊。不得不说，小米不但对线上业态理解深刻，对线下业态的理解也是深入骨髓。

按照最初的设想，小米的发展路径是抓住智能手机消费升级的窗口期，利用互联网平台非常低的获客成本，迅速聚集海量用户，再反向整合产业链上游，形成轻模式的超常规发展，之后快速进行模式复制，强化软件和服务，构建出多元化的生态链。这个路线图应该说确实是天才级的构想，而小米的发展路径也基本上遵循了这条逻辑主线。说得直白一点儿，小米是依靠挤压上游和OTT下游得以生存的。

看清了这一点，那么想要给小米施加压力就比较容易了。作为供应商来讲，之所以会屈从于小米的倒逼，就是因为小米手握大量用户需求，然后让供应商相互比价来从中渔利。

想要破解这一点,供应商就必须更强力投入研发,引领换机潮流,接下来以最新的技术扶持更多有能力跟小米叫板的终端商,反过来倒逼小米即可。恰在此时,以渠道能力见长的OPPO和VIVO杀将出来。这两家公司总部都在广东东莞,创始人同根同宗,都是步步高创始人段永平的门生故旧,优势在于线下销售网点运营。依托强力的线下推广,这两家公司的手机销量节节攀升,对小米形成了相当大的牵制。

另外一家巨头也在2014年苏醒过来,那就是华为。本来华为早在2004年就成立了终端公司,但华为终端在很长时间里只为运营商贴牌生产,自己没有手机品牌。华为一直是通信设备供应商,当年做手机的主要原因是3G系统卖不出去,因为没有配套手机,所以才被逼做手机。虽然华为手机出货量很大,但却只为运营商定制生产,并不直接针对消费者,利润率很低,一直苟延残喘。到了2008年,华为甚至想要把终端公司卖掉,只是遭遇金融危机没有卖成。应该说,2011年小米手机的出现,某种程度上唤醒了华为这头睡狮。2011年11月,华为终端召开了里程碑意义的三亚会议,提出面向高端、面向开放市场、面向消费者的三大核心战略,并由余承东接管华为终端公司,从而开启了华为消费者BG(business group,华为的一个业务集团)的业务转型。2013年12月16日,华为正式推出互联网手机品牌——华为荣耀。荣耀的推出是华为终端的一个重要里程碑。次年，华为的高端产品占比快速上升，从此一骑绝尘，依靠强大的研发能力和渠道运营能力，把一众互联网手机公司甩在身后。

OPPO、VIVO和华为手机的崛起，迅速重新定义了中国的手机市场。它们一个依靠线下渠道，一个依靠研发能力的打法，准确击中了小米模式的要害，整个手机生态力量开始以这些公司为中心重新聚集。而小米最终落了个上下不讨好，上游不愿意跟精于计算的小米打交道，下游也对小米的渠道激励相当不满。至此，小米模式刚被捧上天，又迅速被广泛质疑。

刷出生态链

2016年，我曾专门撰写文章分析过小米的模式，认为小米模式存在巨大的刷新进化机会，形象地讲就是，小米正在熬成粥。[1]

经历了2015年一年多的卧薪尝胆之后，小米的下半场正在展开华丽的序幕，假如说小米的上半场创造了智能硬件领域的"新国货"，那么小米的下半场则剑指"美好生活"。在2015年的"双十一"全球购物节中，小米生态链产品全线飘红，刚刚成立两年时间的小米生态链品牌"90分"蝉联了

---

[1] 杨学成:《雷军的"小米"缘何正在熬成粥？》，载《通信世界》，2016年23期。

"双十一"箱包类销售冠军,出货量16万只,销售额7000万元。与此同时,小米的空气净化器全球销量第一,扫地机器人全国销量第一,插线板一年销售600万支,小米手环已经卖了3000万支,移动电源销售5500万块,就连牙刷都能一天卖出24万支。面对如此庞杂但销量增长迅速的产品,你可能会稍觉凌乱,怎么一家手机企业做了这么多产品,而且每个产品都是爆品?

小米的底层逻辑到底是什么?

其实,每个爆款的背后都有强大的"弹射机制",才能使得产品在短时间内获得销量增长。例如,王者荣耀这款游戏的火爆,背后就是腾讯社交关系链的有力弹射。小米的弹射机制则是"生态链闭环"。具体来说,小米已经摸透了智能硬件产品从研发到制造再到分销的全链条,是时候用这种能力去刷新更多的传统业态了。

借助智能手机,小米真正构建的是一种"商品刷新机制",任何品类的商品经过小米的生态链闭环打法刷新之后,都会实现脱胎换骨的变化。理论上讲,用小米的这套机制可以对现存的所有商品进行刷新,同时达到提升设计品质、确保性价比、快速销售的三重商业目的,这是小米模式的要害之处。小米2.0阶段在商品类别扩展上将没有边界,小米的生态链闭环可以刷新所有市场上已经存在的消费品,创造出无数的"新国货"，让用户过上高性价比的美好生活，而小米将向着"国民企业"迈进，业务种类堪比国民经济。

显然，小米正在熬成粥！米粒和水分在热量的催化下已经开始了化学反应，每个米粒都会张开怀抱，容纳彼此，营养也就随之而来。如果说小米1.0做好了一粒米的话，那么小米2.0就是一碗小米粥，这个阶段所依赖的制胜法宝就是"刷新"：自己不去发明任何新东西，但可以用小米模式对现有的所有产品刷新，同时做到品质升级和价格降级。这是小米屡试不爽的办法！

就连已有优秀企业的商业模式，小米都在不断去刷新，像亚马逊、苹果、同仁堂、开市客（Costco）、无印良品、海底捞、戴尔等的商业模式，全都被小米刷新之后进行了再利用，体现出这家公司在管理和运营上的经验主义哲学。

一锅八宝粥

随着小米产品的渗透，进一步构建底层的数据链会变得越来越迫切。贯通了数据链，小米的所有产品都会变成"聪明的产品"，电器就会变成"网器"，而非"哑终端"。"米聊"这一战略级产品在上半场被腾讯"斩首"之后，小米能否掌控住"智能数据流"才是未来决胜的关键！

2019年4月的第一天，我有幸与小米集团副总裁、技术委员会主席崔宝秋博士交谈两个小时。开场，宝秋总强调，针对小米的任何问题都可以畅所欲言，不必拘束，小米是一家很开放的公司，愿意倾听各方意见，请杨老师知无不言、言无不尽。

在两个小时的交谈中，我的主要观点有以下几个。

第一，小米抓到了一手好牌，如果能够打好，价值可超BAT，但小米不应对标华为，这是两个物种，没有可比性。华为是电信产业链的贪吃蛇，但小米真正的价值在于完成从"生态链"到"生态"的跃迁，一字之差，理念迥异。生态链是利益互锁机制，生态是开放协同系统。

第二，小米的智能物联战略必须依从两个要件，其一是芯片，其二是云。但在这两个关键点上，小米的战略表现非常不坚定，松果芯片像是编外部队，游离在整个体系之外；而小米云更多受制于金山云。想要一石二鸟，反而可能一个都做不好。小米云不应是普通的公有云概念，而应该是"场景赋能型"的云平台，应该把小米的技术能量和商务能量打包成为一种"小米能"，对内赋能生态伙伴，对外开放接入。小米能不是单纯的云计算，而是具备商务能力的一体化数字解决方案，这是实现从一碗小米粥跃迁到一碗八宝粥的要害。也就是说，小米有必要展开更高维度的刷新。

第三，小米重视手机的真正原因是，尚没有找到可以与手机抗衡的主导产品。应该说，没有产品可以在规模与单品价值上与手机比肩，但这不妨碍将"小爱同学"打造成家庭入口。与其大谈智慧城市，不如抢占家庭入口。目前来看，小米在小爱智能音箱上的战略意志不够坚定，把一个战略级产品打出了战术级产品的感觉，应该不惜一切代价抢占家庭市场，之后从家庭到社区，从社区到城市，展开自下而上的升维进化。小米在小爱音箱上的定价策略，我只能说"成也算账，败也算账"，这个失误，就在于小米太会算账。殊不知，有很多价值是无法计算的。

第四，小米不能依靠荷尔蒙经营。作为一家公众公司，高位稳定是适合的姿态，这需要从雷军到一线员工都有合适的价值观贯穿。除了一以贯之的价值观，内部管理也必须优化，否则难以承接。外界记住小米的一句话是"性价比"，这句话让人想到了生意人；另一句话是"风来了猪都会飞"，这是典型的机会主义者。两句话合起来，很容易让人感觉小米就是个投机倒把的奸商！所以，小米的价值观沟通任重而道远。

第五，内部管理的要害是人力资源管理，目前小米的管理缺位，在很大程度受累于相对弱势的人力资源能力。未来，务必要强化人事职能，把三件事情做好，一是人才选育，二是绩效考核，三是价值观宣贯。一个强势的人力资源将会为雷军减掉大量的管理负担。否则，小米的管理必定千疮百孔，"老米"

和"新米"必定矛盾迭出。

第六，从生态链迈向生态，需要构建"小米大学"这样的人才黄埔军校，过去像"谷仓学院"这样的平台切入较为低端，且会偏离人才选育的大方向。不能让生态伙伴成为唯利是图者，小米大学肩负刷新价值观的重任。借助小米大学，分层推进生态建设，从生态领袖到生态先锋再到生态创客，小米大学会是战略级平台和人才引擎。

第七，让人工智能成为小米的灵魂。相比于互联网人口，智能应用的用户黏性高出好几个量级，只有从用户黏性角度来理解人工智能，才能搞清楚人工智能技术真正的价值。小米天然占据智能应用场景，其场景丰富程度没有企业可以相比。所以，小米未来的重心在技术，而非商业。只有厘清智能经济的内核，才能完成向"技术驱动型商业"的转型。

虽然交流过程中，宝秋总对有些观点并不赞同，但我坚持原样呈现，供本书的读者思考。毕竟，管理没有对错，只有成败。从这个角度来讲，小米正走在继续成功的路上。

倘若把小米放在中国互联网发展的整个大背景中去看的话，这家公司的刷新进化之道有着更大的意义。长久以来，中国的互联网公司都是C2C（Copy to China）美国同行的产物，这才有了"中国版的雅虎""中国版的谷歌"等称号。但小米的模式却是中国互联网丛林里诞生出来的新物种，这家公司并不是"中国版的×××",在美国找不到同类模式的公司,相反,很有可能会出现"美国版的小米"。小米的成功,很可能是中国互联网集体从C2C向CfC(Copy from China)跃迁的起点,未来必将会有更多全新的数字物种诞生于中国大地,并引领全世界的数字经济发展。[1]

小米,为发烧而生,因退烧成活。[2]

---

[1] 杨学成:《小米、美团和拼多多 互联网森林里的新物种》,载《通信世界》,2018年21期。

[2] 有关小米模式的其他相关分析文章还可参见本人的今日头条号"蝶变营"。

第七章 深 潜

提到"深潜"这个词,很容易让我们想起国之重器——蛟龙号。

要知道,海洋占据地球表面积的70.8%,平均深度超过3000米,海水孕育了地球上所有的生命和文明。根据科学家估计,把人类已经用掉和尚未用掉的已知资源全部加起来,还不抵海洋资源的一半。可惜的是,人类对于这样一个资源宝藏知之甚少,虽然我们已经成功地将500多人送入过太空,也有超过5000人登顶珠穆朗玛峰,但真正进入万米以下深海的,目前全世界只有3人。

中国近些年的深海之梦寄托在一项重大的科技计划上——载人潜水器"蛟龙号"的研发和试验性应用。2002年,中国科技部立项启动"蛟龙号"的自行设计、自主集成研制工作。七年后开始下水进行海上试验，2009—2012年，蛟龙号接连取得1000米级、3000米级、5000米级和7000米级海试成功。尤其是2012年6月，蛟龙号在马里亚纳海沟创造了下潜7062米的中国载人深潜纪录，也打破了世界同类作业型潜水器的最大深潜纪录。蛟龙号的成功，标志着中国深海载人科学研究和资源勘探能力达到国际领先水平，也标志着中国人的深海调查范围可覆盖全球海洋区域的99.8%。海试结束以后，蛟龙号进入试验性应用阶段，先后执行深潜任务152次，40多家单位参与其中，450余人次参与深潜，历时517天，航程8.6万海里，采集的生物、矿物样品相当于中国过去20年大洋科考采样之总和。

蛟龙号的背后，是一系列的科技创新，主要包括三大尖端技术突破：近底自动航行与悬停定位技术、高速水声通信技术、充油银锌蓄电池技术。除了尖端技术突破，蛟龙号载人潜水器项目还是一项极其复杂的系统工程，包含潜水器本体、母船及水面支持系统、潜航员培训、应用体系四大方面，涉及一系列基础研究、技术创新和世界性难题的攻关。这些技术储备为无限广阔的深海资源开发奠定了坚实的基础，标志着中国大洋探索新纪元的开启。[1]

---

[1] 有关蛟龙号的相关信息，可以观看CCTV4中文国际频道《走遍中国》栏目播出的四集纪录片《走向大洋》。

讲述蛟龙号的故事，是为了引出本书要介绍的最后一种数字商业进化方式——深潜。正如蛟龙号的研发一样，一旦进入深海区域，传统上那些常见的装备就无法应用了，必须面对非常陌生的极限挑战。在商业上也是如此，当一家企业发展到一定阶段的时候，就挺进了无人区，身边已经没有人伴跑，只能独自面对未知的极限环境挑战。当然，深潜成功带来的好处也是无与伦比的，不但能够提升在现实环境下的生存能力，还有助于发现无限广阔的商业机会。

商业蛟龙

说到这里，恐怕你已经知道我将要讲述的这家企业是谁了——当然是华为。作为电信业的贪吃蛇，华为在经历了30年的电信业变迁之后，把一个又一个国际同行甩在了身后，一举挺进了通信技术无人区。

要说中国改革开放40年的产业蝶变，C2C逻辑可以算作一条主线。尤其是电子信息产业以及后来的互联网，基本上都是在"消化吸收再创新"的基础上发展起来的。电信业当然也不例外，这才有2G落后、3G跟随、4G并跑、5G引领的说法。

只不过，我们过去在技术市场化的速度上要比国外同行更快。快的原因，一方面是中国庞大而又纵深的市场结构，

第七章 深　潜

给了那些有市场能力的公司足够广阔的舞台，当然，也成为各类外资企业的肥美牧场。另一方面就是中国极为丰厚的人口红利，造就了我们拥有"价格屠刀"的市场地位。以上两者在入世后，让中国优势实现了杠杆化，经济发展如虎添翼，迅速成长为世界第二大经济体。[1]

华为完美利用了上述中国优势。但具体做法上，华为比较精明。一方面，在国内市场被外资企业垄断的时候，华为率先走出去，在海外，尤其是发展中国家和地区建立市场优势，之后再杀回国内，然后再走向西方发达国家市场。另一方面，华为充分利用了中国人口红利中的"工程师红利"，也就是相对高端的技术人口红利，成批地将理工科院校的毕业生转化为物美价廉的工程师，支撑起了华为的技术基础，掌握了工程技术的价格屠刀。

利用这一价格屠刀，华为先砍下了电信产业链的"前中腰"，也就是网络设备市场。这是一个典型的企业级市场，同时受技术演化影响很大，每一轮的电信技术升级都会引发地震式的产业链震动。华为在每一次技术升级过程中都如履薄冰，极尽所能地维系客户关系，小心翼翼地在过往的技术升级浪潮

---

[1] 此外，华为所处的粤港澳大湾区是中国乃至全球制造业产业链最密集的地区，尤其电子信息制造业的配套设施相当完善。平均来讲，粤港澳大湾区的硬件制造成本仅为旧金山湾区的十分之一。

中站稳脚跟。令人无法拒绝的客户服务、超性价比的产品，以及全天候的贴身式售后服务，造就了华为在通信网络设备市场上占据全球半壁江山，昔日的国外对手纷纷败北陨落。

之后，华为瞄准电信产业链的"后中腰"位置发力，先是为运营商定制终端产品，再推出以智能手机为代表的自有品牌终端。基站和终端在内核技术上是成对耦合的，所以能做基站的华为做起终端来相对比较容易，属于技术上的"降维打法"。再者，终端和基站的模组和元器件供应商高度重叠，所以在技术实现上对华为的挑战并不大，又因为与运营商的合作关系及强力的渠道激励，华为终端迅速成长为世界第三（排名第一、第二的分别是三星和苹果），且第一在望。

基站和终端共同对于电信产业链的"头部环节"，也就是"芯片和射频模组"，有着高度的依赖。没有芯片，华为就只能算是设备集成商，这是成立华为海思（HiSilicon）的根本原因。对中腰位置的把持，让华为具备足够的应用基础来迭代优化芯片产品，从而实现了整个ICT产业的技术纵深。有技术，又有产品，并且在具体应用场景上，全球的互联网公司还提供了无限丰富的应用体验。如此，华为构建起了纵向一体化的生态闭环。

接下来，华为的电信全产业链能力开始借助企业网事业群对外赋能，为各个行业客户包括政府客户提供电信级的信

第七章 深潜

息服务，电信设备商晋身为数字化解决方案提供商，华为云应运而生。至此，网络、终端、云，换言之，网络侧、边缘侧、云平台，这三者华为全都已经构建就绪。网络侧，华为运营着世界上最大规模的通信网络；边缘侧，华为是世界第三大智能终端制造商；云平台，华为云已经跻身国内第一阵营，且增速居首位。

把云—网—端备齐了，能干什么呢？答案是：计算！云计算＋边缘计算＋网络传输。计算的结果是数据，数据的价值实现在人工智能。所以，华为进入人工智能的深海区域，不是转型，而是前进，是传统业务挺进无人区之后的继续前进！人工智能讲究算法、算力和数据，是ICT产业近60年技术进步之总成，未来会像石油、电力一样重塑整个人类社会，要在碳基社会、硅基社会的基础上叠加出数基的智能世界。面对这个领域，华为当仁不让。[1]

智能深潜

2019年，有关华为受到美国政府打压的新闻报道铺天盖地，这不是本书关注的重点，所以不做讨论。接下来，我选

---

[1] 华为：《GIV 2025：打开智能世界产业版图》，2018。参见 https://www.huawei.com/minisite/giv/Files/whitepaper_cn_2018.pdf。

取华为在人工智能上的层层深潜这一角度,稍加详细地阐述这家公司的深潜策略。

计算引擎

一般来讲,现在的人工智能企业主要来自这样几个方面,一是原生智能公司,也就是成立之初就是因人工智能而生的,像旷视、商汤、依图、云从这"四小龙"就属于这一类。第二类是转基因智能,这又包含两种情况,一种是数据牵引型,例如有些互联网公司因为积累了大量的数据,所以很容易转型为人工智能企业;另一种是效益驱动型,像一些传统制造企业因为需要"机器换人"以便提升生产效益而迈入人工智能领域。第三类是类似于IBM这样的科技公司,注重人工智能的底层逻辑,是自身计算能力向人工智能场景的自然延伸,所以IBM更愿意用"认知计算"来指代人工智能。

华为切入人工智能的方式很像IBM,但比IBM扎得更深,用华为自己的话来说,叫"全栈智能"。也就是技术上全流程覆盖,场景实现上全盘通吃,纵向和横向综合协同。别人只瞄准人工智能的一枚干果,而华为干脆给了你一个干果大礼包,内容可谓精彩纷呈。

首先,华为提供了人工智能所需的"计算引擎"。计算引擎解决的是算力产生的问题,而算力产生的根源是人工智能芯片。在这个领域，做得最好的是英伟达（NVIDIA），这家原先做显卡的硅谷创业公司在人工智能芯片领域独占鳌头，其GPU芯片被各大人工智能企业所采用，过去华为也用过英伟达的芯片。

在2018年的全联接大会上，华为对标英伟达，推出了自己研发的人工智能芯片"昇腾系列"，而且不是一只芯片，是一个"全家桶"，覆盖了从云计算到边缘计算再到端计算的五大场景，意味着昇腾系列具备强悍的场景可伸缩性，也意味着昇腾芯片的能耗做到了弹性可适配。当然，在性能表现上，昇腾系列芯片也相当抢眼。

但问题是，云端的人工智能训练和推理还需要数据中心的支持，而数据中心又需要部署大量的服务器，由服务器负责海量数据的处理才能使得人工智能训练和推理产生具有性价比的效果，这就需要通用计算处理器。在通用计算处理器领域，过去一直是英特尔的天下，雄霸服务器级处理器的绝对主导地位。

为了获得最好的云端人工智能能力，华为有必要掌握通用计算单元，这就是华为的"鲲鹏处理器"。鲲鹏处理器对标的是英特尔的"×86结构"，应该说目前可以做到接近于×86的水平，但在具体应用和生态构建上，鲲鹏还有相当长的路要走。这倒不是因为鲲鹏本身的技术不行，而是因为鲲鹏采用的ARM架构在整体上想要跑赢×86架构还很难。基于精简指令集（RISC）的ARM，是在智能手机崛起的过程中以IP授权的方式发展起来的，但在企业级应用上，目前仍然被基于复杂指令集（CISC）的×86架构统治，鲜见ARM有所作为。此次华为以鲲鹏处理器发起的企业级冲击，难度依然很大，最终成效如何还未可知。

这其中主要存在两个问题，一个问题是基于ARM的生态应用严重不足，所以鲲鹏处理器首先面临生态建设难题，这不是一朝一夕就能解决的事情。另一个问题是华为仅取得了ARM v8以及后续8.1和8.2的永久授权，所以底层指令集仍然被ARM掌握，更长远来看，会出现什么样的结果，是不是会受到使用限制还不好说。如果往坏处想，华为的计算引擎很可能遭受极限生存挑战。除此之外，昇腾芯片也是基于ARM的，是在ARM基座之外挂接了人工智能处理芯片。

不管怎样讲，华为的"昇腾+鲲鹏"这两大计算引擎，已经勉强可以算得上是人工智能和处理器这两个计算核心的自主可控方案了。在未来可预期的时间里，这两大计算引擎足以支撑华为在计算领域的野心了。既然计算引擎已经准备好了，那接下来要让引擎的能力发挥出来，就需要创建优秀的计算架构。这就像是同样的发动机在不同的参数架构下输出的马力是不同的一样，要想让计算引擎的输出有优异的表现，优秀的计算架构是不可或缺的。

这件事华为在做芯片的同时就想到了，还给这个项目起了个很神秘的名字。

达芬奇架构

芯片支撑软件的运行，而支撑芯片运行的是指令集，在指令集和芯片之间，不同的架构决定了芯片的算力输出和能耗水平。相当于同样的原材料，用不同的加工方法会做出不一样的蛋糕。在给定指令集的基础上，架构就成为芯片性能比拼的关键。

长期以来，桌面端基本上被英特尔的×86架构主导，而移动端主要是ARM架构，前者拥有强大的算力输出，但后者擅长降低功耗。移动设备对功耗要求非常高，造就了ARM在移动互联时代的王者地位。但随着人工智能的发展，对于计算技术提出了全新的要求，尤其是深度学习算法和神经网络运算，需要进行大规模的矩阵运算，这就需要专门针对人工智能的算力输出进行加速。

英伟达是率先在人工智能加速方面实现突破并获得领先地位的企业。这家公司的GPU是人工智能应用的主流芯片，其背后的CUDA并行计算架构相当于在传统CPU处理器的基础上挂接了GPU，从过去的单一中央处理器过渡到了"CPU + GPU"

并用的协同处理范式,很好地满足了智能计算的需求。像谷歌和脸书等公司,全都采用英伟达的人工智能芯片来进行智能训练和推理。

当然,虽然CUDA率先实现了强大的算力输出,但也有弱点,那就是软硬件的整合或者兼容不够。作为一家提供人工智能芯片的公司,英伟达的GPU必须要在实际应用过程中与不同的计算框架适配,例如谷歌的TensorFlow、脸书的Caffe等。这就必须牺牲一定的效率才能为不同的软件平台腾出实现定制化的空间。

华为的达芬奇架构学习了英伟达的处理方式,但走得更远一些。

第一,达芬奇的主基座仍然是ARM架构,这跟英伟达的处理方式相似,同样是在传统中央处理器上挂接一个人工智能加速器。达芬奇架构中的核心运算设计是名为"3D Cube"的计算模式,其基本思路是:以矩阵处理阵列的立体形式来处理乘加运算。相当于比传统的2D结构增加了一个维度,过去那种需要 64×64 的运算在3D Cube下只需要化约为 $16 \times 16 \times 16$ 就能算出,这就可以大幅提高运算效率、降低时延。3D Cube是达芬奇架构的核心创新点,也被称作"达芬奇魔方"。

第二,达芬奇架构使用3D Cube对矩阵运算进行加速,但对于之后的向量运算和激活等则采用单独的模块进行灵活处理。这样就抓住了主要矛盾，实现算力大幅提升的同时，又能提高整体运算系统的灵活性，使得整个运算系统更具弹性。

第三，主核+微核的结构使得算力输出极具弹性，可以根据不同的计算任务灵活组合，这就可以在很大程度上减少不必要的功耗，达到有限能耗下的最优算力输出，此即华为宣称的全场景覆盖。大到云计算、服务器，小到智能门铃这样的超低功耗物联网设备，达芬奇架构下的芯片都可以轻松应对。

第四，达芬奇架构下的芯片与华为自身的软硬件产品深度耦合，避免了数据转接和重复调用的问题。这种纵向一体化的做法可以实现从芯片到终端再到系统的全链条贯通，但也阻碍了华为芯片的对外共享，以后借助开源可能会好一些。这种做法给华为未来的生态系统构建平添了不少障碍，伴跑华为的合作伙伴自身需要具备非常强大的实力才行，注定华为只会跟猛兽同行。

当然，计算架构只能优化算力输出，而想要让算力真正产生效力，还需要依托软件平台的支撑，也就是"计算框架"。

计算框架

人工智能的底层是芯片，芯片性能取决于计算架构，而将芯片的计算能力转化为真正的应用场景，则还需要几个步骤，其中最重要的，就是衔接硬件与软件的计算框架。

计算框架或深度学习框架向下连接芯片，向上承接各种业务模型，是实现硬件语言和软件语言互译的关键桥梁，相当于人工智能版的操作系统。只有基于这个操作系统，应用软件才能够被开发并运行，从而覆盖相应的应用场景。

世界上比较著名的计算框架主要有谷歌的TensorFlow和脸书的PyTorch。其中，TensorFlow应用最为广泛，已经有4600万用户，是用户数最多的深度学习框架。国内企业百度推出的"飞桨（PaddlePaddle）"深度学习平台是最早实现开源（2016年）的国产化深度学习框架，目前服务的开发用户数达到150万，企业级用户6.5万，发布模型16.9万个。在2019年的世界互联网大会上，飞桨入选"世界互联网科技领先成果"奖。

鉴于计算框架扮演软硬件翻译界面的角色，所以好的计算框架必须一方面具备硬件友好度（运行态高效），另一方面具备开发者友好度（开发态友好）。前者主要指对CPU、GPU等计算资源的分配方式，后者主要指开发者的进入门槛是否足够低。

2019年8月，华为推出的MindSpore计算框架，很好地借鉴了已有人工智能计算框架的做法，同时对存在的一些局限进行了突破。例如，不同于TensorFlow和PyTorch采用手动方式分配计算资源，MindSpore采用并行式自动分配计算资源的方式，大大降低了开发者与硬件对话的门槛。除此之外，由于华为拥有自研芯片，所以在软硬件结合上优势明显，针对昇腾芯片在MindSpore上做了软硬件一体化，大幅提升了MindSpore的性能表现。百度的飞桨计算框架是跟华为的麒麟芯片进行深度一体化之后，实现推理能力突破的。

根据华为对外披露的数据，针对典型的自然语言处理（NLP）网络，MindSpore所需要的核心代码量相比其他框架减少了20%，开发门槛大幅度降低，综合效率提升50%以上。这些指标意味着模型开发时间显著缩短，使开发态变得更加友好。

当然，计算框架想要取得成功，仅仅做到技术性能上的提升是远远不够的，更重要的是拥有足够多的生态合作伙伴，共同将计算框架打造成事实上的标准平台。基于此，开源是大家普遍采用的一种做法，华为也计划在不久的将来把MindSpore予以开源。但具体效果如何，有待进一步观察。毕竟，华为这种软硬件一体化的模式短期看是优势，长期看有可能就是局限，因为生态兼容性会更加重要。

此外，仅有计算框架只相当于有了地皮，若要建好房子，还需要各种各样的工具，得具备各种各样的软件开发套件（SDK）。关于这个，华为希望开发者们将模型与艺术结合起来。

开发平台

从人工智能芯片到计算架构再到计算框架,相当于把华为这座智能大厦的基础结构都建好了,接下来就是装修和装饰了。而这件事则需要很好的审美才行,ModelArts应运而生。

其实,人工智能领域存在剃头挑子一头热的情况,论文专利一大堆,但真正落地应用却并不如想象中那么乐观,目前真正采纳人工智能技术的企业还很少,更鲜见完成智能化转型的传统企业。这当中,如何将人工智能理论知识转化为现实应用场景就变得十分重要,而加速这一过程的要害是赋予开发者以低门槛、高友好度的人工智能开发平台。

作为人工智能的基础技术之一,深度学习是应用场景最为广泛的技术,普遍应用于机器视觉、语音识别、自然语言处理等诸多领域。感知智能中的会听、会说、会看,都离不开深度学习技术的支持。问题在于,为了达到更高的精度,深度学习所需的模型和数据规模异常庞大,训练非常耗时,这很大程度上阻碍了深度学习的开发速度,使得应用算法从训练到部署的周期很长,加大了开发的难度。

华为推出的ModelArts是一站式人工智能开发平台,致力于让人工智能技术得到普惠式推广。想要做到这一点,开发平台必须协调好几个方面的指标,首当其冲的就是模型训练速度,而这又取决于吞吐量和给定精度要求的收敛时间。第二个重要指标是开发工具的易用性，第三个是部署周期。针对以上三个关键的性能指标，ModelArts做了大量的研发创新，有力提升了开发效率和效果。

第一，为了提升训练速度，华为发挥自身软硬件综合优势，通过硬件、软件和算法的协同优化来加速训练，为用户节省了44%的训练时间。这背后的功臣是MoXing API。这款华为自研的应用程序接口（API）可以让模型的代码编写非常简单，开发者只需要关注数据输入和模型构建的代码，就可实现任意模型在多GPU和分布式处理中的高性能运行。相当于MoXing API是各种深度学习模型的加速器，任何一款模型只要接入到MoXing API，就能够获得比原生API环境下更高的性能表现。

第二，吞吐量意味着单位时间内的数据处理量，一般取决于服务器硬件、数据读取和缓存方面的优化。但吞吐量提升必须结合模型精度，才能综合缩短收敛时间。ModelArts进行了全栈优化，包括数据读取和预处理、模型计算、超参调优、底层优化等，大大缩短了深度学习算法训练的收敛时间。

第三，ModelArts具备很好的易用性，开发者只需要关注上层的业务模型，不用管下层的分布式处理API，根据实际业务定义输入数据、模型和相应的优化器，就能实现训练脚本与运行环境的分离，以及业务代码和训练引擎的分离。

第四，模型从搭建到部署是一场软硬件能力的综合比拼，而非仅仅取决于开发平台，还涉及底层的硬件能力、计算引擎，以及分布式计算框架和算法优化等，所以只有具备全栈人工智能能力，才有可能帮助开发者迅速构建模型并在短时间内完成部署。这就是华为始终强调"全栈AI"的原因。

综合来看，ModelArts 寄希望于将人工智能开发者变成艺术家，可以任由开发者尽情挥洒想象力和创造力，不必面对底层那些枯燥的代码，让人工智能技术变得能用、易用、好用。当然，装修完毕之后，一座大厦想要正常运转，还缺不了水、电、气等的保障。这就是，云。

云服务

如果说5G是智能经济引擎，那么云计算就是智能经济起飞的跑道。所以，5G + AI + 云，三者缺一不可。

国内对云计算的重要性属于后知后觉。早在2006年亚马逊全力以赴做云计算的时候，国内科技公司还在掂量云计算到底能不能成为一项真正赚钱的业务。好在2014年亚马逊宣布亚马逊云服务（AWS）业务板块实现盈利，最近几年国内的科技巨头们才猛然醒悟，奋起直追。当然，阿里云属于另类，十年前的2009年就通过收购万网获得了大量的企业级用户，顺势在王坚博士的推动下成立了阿里云，虽然屡被质疑，

第七章 深 潜

甚至被误解为"骗子",但王坚博士最终证明了云计算的成功。在中国云计算发展史上,学心理学出身的王坚博士绝对属于鼻祖级人物,中国工程院院士的头衔王坚博士当之无愧。

云计算,通俗来讲就是将计算、存储、传输等资源服务化,变得像水和电一样按需使用、按量付费。从经济学角度看,云计算是将计算资源打包投入,融合后分散出售,相当于平台承担固定成本,进而通过让客户为自身经营的可变成本埋单来获得收入。基于此,云计算具有很强的规模经济特征,投入的基础资源必须有足够多的需求量才能够分摊。换言之,一个平台的用户数越多,平台越有可能以更低的成本提供同等水平的计算能力,所以云平台有明显的"扎堆效应",这意味着云业务会在几家头部企业聚集。

此外,云计算跟水和电很像,存在用量的峰谷转换,某些时段用量特别大,而另一些时段用量很小,所以削峰填谷十分重要,这要求云计算平台必须具备高度的"弹性"。例如,"双十一"当天对阿里云的弹性计算能力是巨大的考验,这一天的计算需求会是平常的几百倍甚至上千倍。当然,想要获得自如的算力输出,还需要软件硬件以及各种虚拟技术和数据库技术的协同。

华为云起步较晚,主要原因在于云计算业务会跟华为最主要的客户——电信运营商——产生冲突,很容易抢了运营商的生意，得罪这个最大的客户。之前华为对云计算业务一直遮遮掩掩，直到2017年才痛下决心，大刀阔斧地挺进云服务市场。不同于阿里巴巴和腾讯，华为的云业务是自身技术演进的必由之路，而非业务本身诉求。阿里和腾讯的云业务首先服务于自身业务延伸，顺便对外赋能，所以这些互联网公司更擅长于从软件层面入手，强调用户体验。华为云的主要出发点是对5G和AI技术应用的回应，没有云，很难承载华为的人工智能战略。

自然，初衷不同，则手法有异。华为云的优势在于精湛的软硬件技术和广阔的海外市场。技术方面，华为已经基于鲲鹏芯片做出了性能超强的泰山服务器，且拥有算力最强的昇腾系列芯片，以及面向边缘计算的物联网芯片巴龙系列。软件方面，华为的ManageOne云管理平台可以实现"多云管理"，做到敏捷运营、精简运维。数据库方面，华为推出的GaussDB是全球首款AI原生云数据库，可以将数据容量提升10倍，故障恢复速度提升30倍。

华为不但自己搞定了计算、存储和数据库，还拥有自己的服务器、交换机、网关、路由器和防火墙，这为华为整体优化云计算体验奠定了坚实的基础。随着5G和人工智能的发展，全栈能力会是衡量云计算企业实力的重要指标，目前可以称得上具备全栈能力的，国内只有阿里云和华为云。

第七章 深　潜

数字化转型的第一步是业务上云，目前美国企业的上云率为85%，欧盟为70%，中国只有40%。这预示着中国云计算市场潜力巨大，但同时意味着云计算业务会迅速集中到少数几家头部企业手中，这会给那些"独云企业"带来巨大的生存压力。

云端操作

既然华为做的是全栈智能，就缺不了将计算资源灵活调度并推送给用户的操作系统，之前华为已经有了端侧的"鸿蒙操作系统"（Harmony OS），如今又推出了云端操作系统"瑶光"（Alkaid）。

云计算从2006年正式应用发展到现在不过十多年的时间，但在这段时间里的理念变迁却非常迅速。第一个阶段是"硬件为王"的时代，买上一大堆服务器、路由器，网管员手工进行调试连接，然后针对不同的需求进行计算资源配置。这个阶段的云资源管理主要依靠网管员的手工操作。第二个阶段则是"虚拟为王"的时代，借助虚拟化技术，将分布在不同地方的各种服务器整合成一台更大的服务器，然后根据具体应用需求进行动态配置，相当于收集起雨水然后喷出雾气。这个阶段核心的管理平台叫作"云管平台"，是依靠软件平台来统管计算资源。

随着5G催生万物互联，云计算的管理理念也在发生巨大的变化，突出表现在联入网络的终端越来越多样化、用户需求越来越个性化、网络承载越来越泛在化。5G大带宽、低时延、广覆盖的特点充分释放了工业互联网的潜力，能够提供超过光纤的带宽、低于工业总线的时延，以及无处不在的链接，让自动驾驶、远程控制和VR/AR等技术潜力得以发挥，从而开启全新的人人链接、人物链接和物物链接时代。此外，人工智能在5G网络的加持下，会成为一种全新的"智能资源"，渗透进从云端服务器到边缘设备的方方面面。这无疑会给云计算平台带来全新的挑战。

在这样的情况下，不但传统的手工操作无法满足需求，就连云管平台这种单维度的智能应用也力不从心了。如何具备云计算的全局掌控力？如何应对极度多元化硬件带来的全新计算需求？如何将AI能力实现从云到边再到端的全面覆盖？这就需要重塑云计算平台的操作系统了，瑶光应运而生。

操作系统的范式变化，往往意味着重大的计算进化。就像Windows系统开启了PC时代（键盘＋鼠标），而安卓系统统治了智能终端（触摸屏），不同的操作系统范式会将我们导向完全不同的计算时代。作为适应于5G和人工智能的云操作系统，必须满足一系列要求：一是计算资源的就近调用；二是计算系统的超级稳定；三是计算资源的灵活调度。

瑶光作为一款"AI原生"的云操作系统，第一，可以整合全球百万级主机计算资源，进行就近调度，在降低网络时延的同时大幅度节约了用户的带宽成本，服务部署效率提升10倍，实际网络时延达到5毫秒，使自动驾驶场景的落地应用成为可能；第二，瑶光侧重向边和端赋能，让云和边协同起来对终端设备进行智能调度，实现毫秒级调度与决策、微秒级I/O处理能力；第三，瑶光自带资源协同算法A-DNN，能够依靠计算集群的强大算力，把复杂的资源调度模型在短时间内计算出来，优化了用户的云上体验。

当然，近水楼台先得月，瑶光的背后是华为自研的服务器芯片昇腾和鲲鹏系列，可以对算力进行不同颗粒度的灵活封装，在应对多样化业务方面优势明显。此外，华为的全栈智能能力再一次彰显威力，从芯片到服务器再到操作系统全都自主可控，这让瑶光具备了超强的安全可信度。

云上有瑶光，云下是鸿蒙。华为在操作系统上可谓用心良苦，而操作系统其实比芯片的突破更难，不是难在技术实现上，而是难在应用生态的构建上。不管是鸿蒙，还是瑶光，生态伙伴都是最大的障碍。所幸经过这么多年的发展，华为不但学会了与猛兽同行，也懂得了如何与蚂蚁相处。这也是任正非频繁接受媒体采访的原因，毕竟，扩大朋友圈才是华为当前第一要务！

即便那些天天喊着"All in AI"或者"AI in all"口号的

科技公司，真要盘点起自己的人工智能武器库，也是亮点寥寥，充其量算是有个小碉堡、几挺机关枪而已。然而，华为似乎为整个智能大海准备了一艘航空母舰。[1]

上面的内容读着会感觉比较技术派，提到了很多技术名词，包括智能芯片（昇腾、鲲鹏系列）、达芬奇计算架构、MindSpore计算框架、ModelArts开发平台、华为云和云端操作系统瑶光。相当于华为已经搭建起从底层算力输出到中间层操作系统，再到应用开发和场景落地的几乎全部技术储备。通过华为人工智能的"四梁八柱"，一座全新的智能大厦应运而生。应该说，能够同时具备上述所有技术要件的科技公司，中国只有华为，全世界也屈指可数。

深海物种

更为重要的是，在基础要件准备齐全的情况下，华为并没有放弃对具体业务场景的进化，各种令人激动的信息频频传出。例如，前不久刚刚发布的大数据引擎"河图"、之前发布的鸿蒙操作系统，又如已经上市的华为Mate30和即将上市的Mate Pad、折叠手机等。华为的产品似乎层出不穷，给我

---

[1] 华为：《GIV 2025：智能世界，触手可及》，2019。参见 https://www.huawei.com/minisite/giv/Files/whitepaper_cn_2019.pdf。

们带来了眼花缭乱的深海物种。

这说明，华为在人工智能领域找到了属于自己的进化逻辑，可以称之为一横一竖的"T形前进"。一横是指广谱应用，一竖是指技术纵深，合起来就是技术上打到底，业务上拓到边。正是因为在技术上足够纵深，才能在业务上足够广谱。例如，达芬奇架构下设计出最高性能的AI芯片，但在具体应用上却实现了从服务器到终端再到微型物联设备的场景适配。

这种纵横捭阖的战略进化，让华为未来的智能战略具备了相当高的生态自由度，整个生态的弹性伸缩空间非常大。类似于鸿蒙这样的操作系统，既可以部署在物联网终端上，又可以在生态应用丰富之后向智能手机终端迁移，甚至一挥手，还能与云端的瑶光操作系统亲密拥抱。这种智变思路流淌着鲜明的华为基因，将你"一网打尽"，让你无处可逃。

表面看来，是一如既往地研发投入和技术创新，才让华为拥有了如今的地位。但实质上，技术突进只是华为精神的一个体现场景而已。进入华为内部，你会深深地被一种"华为感"包围，你很难描述，但却能真切体会到。[1]作为华为公司的高级顾问，我举几个亲身体验的例子。

---

[1] 丁伟、陈海燕主编：《熵减：华为活力之源》，北京，中信出版社，2019。

例1：有次在华为的杭州研究所讲课，没在指定吸烟区吸烟，不到一分钟就有保安过来，很亲切地为我指引吸烟区的位置。让你不觉尴尬但又非常不好意思，此后立改。

例2：在华为食堂吃饭，偌大的餐厅井井有条，按照不同的颜色划分为不同的"餐线"，感觉秩序井然又很高效。从"餐线"这个叫法中，你能想到的还有很多。

例3：去过很多次华为大学讲课，一个细节是，每次去洗手间，洗手台都干干净净，一滴水都没有，但从来没见过保洁员。

例4：午餐前拍合影，午餐后回到教室，每个人桌上整整齐齐摆好了合影相册，中间只有一个小时时间，全班客户惊呆。

……

华为给我的感觉是成熟稳重但又创意十足，秩序井然却能精彩纷呈。这些感觉在华为的产品上全都可以验证，这是一家企业内部文化向外部产品赋能的结果。

当然，华为并非没有问题，甚至很多问题还很严重，但这不妨碍华为是一家真正优秀的公司。基于此，即便华为当前面临着最恶劣的外部压力，但只要守护好赖以成长的精神，就没有什么可担心的。

第七章 深　潜

　　华为的创始人和灵魂人物任正非，出生于1944年，在其43岁的时候创办了华为公司。历经33年的发展，现在的华为已经成了世界ICT产业的巨头，业务遍布全球，管理十分高效，技术相当领先。[1]很少有一家公司，能够引起美国这样的超级大国如此关注，不顾颜面地对华为进行全面围堵。

　　在我看来，华为公司是改革开放40年我国企业进行市场经济实践的一个缩影，既是华为人集体努力的结果，也是中国经济之舟汇入全球化浪潮之后必然会激起的一朵浪花。这也说明，全球化竞争已经挺进深海区域，企业的生存环境越来越趋向于黑暗、高压、低温和高盐，这对企业的生存能力提出了非常高的要求，甚至需要随时做好应对极限生存挑战的准备。好处是，高难度的区域从不拥挤，深海区域温度恒定而且水流缓慢、含氧量很高，所以同样适合很多物种的存在，只是我们对这种环境的了解还不够深入而已。

　　从这个角度来讲，华为公司本身不重要，重要的是华为发展壮大的背后所折射出的一个中国商业文明新时代，一个能够孵化出深海物种的新环境。若以过去西方国家倡导的标准来看，华为公司绝非现代跨国公司的范本。这家公司的部门划分和战略思考所使用的术语更像是一支战斗部队，而不是

---

[1] 孙力科：《任正非传》，杭州，浙江人民出版社，2019。

典型的经济组织。此外,华为在治理结构上也没有采用西方推崇的机制,而是一种让外人很难理解的全员持股制度,并且任正非明确表示不欢迎外部资本介入。这种治理结构让华为不必为资本市场左右,这跟西方企业的主流看法很不一样。[1]

华为略显神秘的管理和治理,叠加上无往不利的业务发展,以及锐意进取的技术创新,让国外竞争对手很难招架。这种感觉不仅仅体现在华为公司身上,恐怕整个世界看待中国近40年的发展,都会有同样的感觉。这是任何一种有潜力的新生事物都会带来的一种感觉,"旧世界"的人一开始看不起,看得起的时候又看不懂,看得懂的时候却追不上了。

无论华为在数字技术上的深潜结局为何,这家公司的昨天、今天和明天,都昭示着华人世界的一种全新的商业文明已经蔚然成风。这种商业文明吸收了西方市场经济的精髓,但更重要的是,融会了中华文化的博大精深,是一种新的商业观。[2]

未来,在中国的大地上,将会出现越来越多的"任正非",当然,也会诞生更多的"华为"。他们不但具备快速的陆地奔跑能力,还将在技术创新上不断深潜,把层出不穷的深海物种带到市场,引领中国乃至全世界的数字商业继续蝶变!

---

[1] 华为的管理方式和企业文化可参阅《华为基本法》。
[2] 杨爱国:《华为奋斗密码》,北京,机械工业出版社,2019。

终　章　当下的未来

著名的科幻作家威廉·吉布森（William Gibson）曾经说过："未来已经到来，只是分布并不十分均匀。"本书的写作从开始到结束，都是在新冠肺炎疫情的笼罩下进行的。

这场震惊全球的传染病疫情给人和物的流动按下了暂停键，但却给数据的流动踩下了油门。在人们减少外出躲避疫情的当下，数据却以前所未有的速度给人们带去信息、内容、服务，以及金钱、心理抚慰和情感支持。应该说，这场疫情的最终决胜，数字技术功不可没。

数字战"疫"，云上先行。书中提到的数字先锋们，在本次抗击疫情的过程中，做出了巨大的贡献。除了社会公益层面的捐赠和助力，一些新兴的增长点正在新冠肺炎疫情的阴影下孕育生长。我们书中提到的微信，承载了人们巨大的信息需求洪流，并且随着小程序应用在这段时间的井喷式上线，2020年极有可能成为"小程序商业化的元年"，微信的第五步和第六步升维进化将会加速实现。

变道进化的典范——滴滴出行，依托出行大数据调度平台，在疫情期间迅速"变道"出了分布在各个城市的"医护保障车队"，为数万名医护人员提供免费接送服务，再一次彰显了平台的变道潜力。

小米公司在疫情期间则"刷新"了新产品发布的形式，首次以线上的方式发布了迄今为止小米最硬核的5G手机——小米10。此外，小米生态链企业石头科技于2020年2月21日正式登录科创板，成为小米生态链中继华米和云米之后的第三家上市公司，也是第一家在科创板上市的小米生态链企业。这家从事清洁机器人研发与制造的企业，从成立到现在只有6年时间。石头科技的上市，再一次印证了小米生态链模式的成功，意味着小米公司又刷新了清洁机器人这个赛道。

"深潜"的华为，面临的形势愈加严峻。部分企业和政府几乎用尽了所有的招数，想要摧毁华为在全球电信设备市场中的领导者优势，这让华为面临的挑战不但艰苦，而且是长时期的。然而，华为并没有在高压下退缩，其深海生存能力持续彰显威力。华为的5G电信设备业务在欧洲重获信任，继续占据主导地位，遥遥领先于爱立信和诺基亚。截至目前，华为共获得了91个5G商用合同，其中47个来自欧洲。在终端业务上，华为于2020年2月24日正式启动了鸿蒙服务的商用，并首次预装在荣耀V30手机上，意味着华为已经做好了完全摆脱谷歌、安卓生态的准备，而鸿蒙操作系统也具备了在手机上的商业应用能力。这只深海蛟龙正在向更深处挺进，想必会有越来越多的深海物种被带到水面之上。

疫情也改变了人们的生活和工作方式。春节假期窝在家中的人们，有了更多的时间和精力来消费数字产品，类似于短视频、游戏这样的内容应用，不但在用户数上，而且在使用时长上，相比平常都有了大幅度提高。假期过后，面对疫情的阻隔，大部分企业采用了"云复工"的方式开展线上办公，强大的服务需求一度让钉钉平台瘫痪。各个政府部门也在第一时间上线了各种政务小程序，借助数字化手段进行政务处理。医疗领域更是数字应用的重要板块，除了开展远程诊断，各个云计算平台和超算中心纷纷助力新冠肺炎病毒的基因检测和疫苗开发。总之，数据的加速流动帮助维系了疫情期间的社会运转和数字业态的持续经营，成为整个国民经济的"数字韧带"。

当然，这场疫情也暴露了当前数字经济的缺陷——需求与供给的两张皮现象。需求侧数字化程度已经很深，几乎生活百业全都收入手机,但供给侧的响应却十分有限。用户可以很方便地在手机上下单,但物流配送速度相比以往有了大幅度的延迟,商品缺货现象频频发生。因此,从需求发生到物流响应,这两者间存在着十分重要的数字化应用潜力。

末端物流配送之外,物流主干网上的物流转运与分发也是大问题,尤其是同城物流体系,依然需要快递员的大量参与,线上到线下的数字能量并未完全贯穿。大量人员的参与只能依靠传统措施避免交叉感染,出租车、外卖、生鲜配送这样的本地生活服务业情况类似,数字技术解决了下单、接单、支付、评价的事情,却未能渗透进服务过程本身。在物流的上游,生产体系还处在大量依靠操作工人的阶段,人员聚集是防控疫情的大敌,这场疫情对于那些雇用大量工人的制造业,不啻于一场晴天霹雳。

从需求到物流再到生产制造,数字化程度依序降低,这大大抑制了数字红利的释放。究其原因,产业级互联网应用还不够深入。试想,如果配送小哥全都变成了机器人或者无人机,如果配送货车全都是自动驾驶的,如果生产作业完全由工业机器人操作,而人可以在任何地方进行远程指挥的话,会是什么样的场景?工业上机器换人、服务业无人值守——这两个场景全都实现,产业级互联网应用才能渐入佳境。伴随着数字技术的进一步发展,尤其是5G商用给产业级数字应用带来了巨大红利，相信这一天很快就会到来。

最终，全社会将建立起一套"数字免疫系统"，人与人的接触不再是商业的必须，人与人的交互才是，只不过这种交互是在数字空间中展开的，而这种数字空间的体验会比现实世界更加真实。

当下是未来的种子。在见证需求与供给两张皮现象的同时，我们同样可以借助这次疫情管窥到未来数字经济的无穷潜力。海尔旗下的工业互联网平台卡奥斯（COSMOPlat），是一个具有中国自主知识产权、全球首家引入用户全流程参与体验的工业互联网平台。卡奥斯这个名字取自希腊神话中的混沌之神，是创世之初四位神祇中地位最高的，被称为万物之神，意指世界一切的起源。

2019年12月，我去卡奥斯的青岛总部调研，与相关负责人进行了深入的交流和互动，感觉到这个平台承载的能量是引导物联网时代生产制造转型的全新方式。简单来说，卡奥斯平台衔接企业、资源（模块商）、用户三方，以人单合一的方式，聚合上游企业和模块资源方实时响应用户需求，是以用户需求为中心的生产服务聚合平台。借助这个平台，传统的制造工厂可以实现快速"变形"，为用户提供大规模定制服务。卡奥斯的制造模式已经在全球15个互联工厂落地成功，并孵化出15个行业生态子平台，在20多个国家复制推广。

新冠肺炎疫情发生后，卡奥斯的几名创客仅用了3天时间，就依托卡奥斯系统搭建出了新冠病毒战疫供需平台，一周内链接医院780家，社区和企业等500多家，发布口罩等防护物资需求2400万件，有力支撑了供需匹配和物流运转。依托强大的供应链生态能力，卡奥斯平台为山东海思堡服装服饰集团赋能，3天实现该企业安全复工并转产防护服，正式投产后，日产普通防护服2万件、一次性口罩2万只。此后，卡奥斯新冠病毒战疫供需平台不断复制推广，继续赋能泸州春晟服装有限公司、山西海亿康科技有限公司、山东创新医疗器械科技有限公司等企业转产口罩、防护服用品。

在持续响应需求的同时，这一平台不断迭代升级，在不到一个月的时间里已经塑造出了"全球采购供需匹配""在线办公协同""全员防疫职能管理""无人化场景配送""在线远程教育""社区生活助手"六大场景化解决方案。伴随着国家出台一系列支持企业复工复产的政策，如何做到在疫情防控的同时稳步有序地恢复生产，成为摆在每个企业面前的难题。卡奥斯再一次快速出击，与中国工业设计协会达成战略合作，全面升级新冠肺炎战疫供需平台，推出了企业复工增产服务平台，涵盖企业复工全要素专区、疫情医护物资供需专区、居家保障专区三大系统，同时满足企业疫情防控与复工增产的双重需求。

卡奥斯平台让我们看到了数字赋能下的工厂变形能力，生产的组织不再是由厂房和生产线决定，而是随着需求变动灵活、柔性、快速响应。可以说，变形能力才是生产制造业的终极考验。未来的数字工厂将不再是僵硬的厂房和流水线，而是哈利·波特的魔法屋，让用户的脑中所想立刻变成眼中所见，让眼中所见瞬间成为手中所得。

站在当下看未来，一个潜在的趋势蓄势待发，产业级互联网已经获得了足够的发展动能。借助这一轮的需求惯性，数字原力会趁势逆流而上，从需求端进一步向物流、生产制造、原材料供应等领域贯穿。这将会引发又一轮的数字浪潮，孵化出新一代的数字弄潮儿。

当然，这也会是一段意义非凡的蝶变之旅，让我们共同期待！

后　记

　　身体和灵魂，总要有一个在路上。疫情肆虐困住了脚步，那就赶紧把灵魂放飞吧。本来打算在这个最长的寒假里好好放松一下，看看书，运动运动，然后带着家人去远方旅游。但计划赶不上变化，一种肉眼看不见的威胁悄然笼罩了江城武汉，疫情形势严峻。

　　读书的静美心情很快被深深的牵挂替代，牵挂湖北的学生好友，担心身边的亲戚朋友。可是，坏消息一个接着一个，令人讨厌的数据耀武扬威地节节攀升，朋友圈里更是花式谣言四起，感觉整个世界都不好了。1月24日，除夕当天，北京宣布启动重大突发公共卫生事件一级响应机制，随后，各项防控措施全面推进，舆论宣传铺天盖地，企事业单位延长放假、大中小学延后开学。很明显，疫情不是一天两天能结束的了。

大年初一，第一时间在力所能及的范围内捐款表了心意，也号召身边的企业家们为抗击疫情多做贡献，随后几天，得知他们把一批批物资和款项陆续送达武汉，心下稍安。之后又埋头读书，一周时间里读完了10本书，算是把平常工作太忙耽误的读书时间找补了一下。这种读书生活，是一种刻意的躲避，让自己避免接触无效信息的干扰，朋友圈很少看，关于疫情只关注少数几个信源的权威报道，对于那些杂七杂八的解读一概屏蔽。这个时候，不能让自己跌落在虚假消息里，自己的微信朋友圈也坚决不转发和跟风张贴那些未经核实的信息。

到了1月底，一个念头越来越强烈，很快这个念头就变成了一个真正的想法：写本书。这个想法不是凭空产生的，自2015年一口气出版了《蝶变：解密社会化时代的产业变革与重构逻辑》和《联网力：传统行业互联网化转型的原动力》两本书之后，就再也没有正式出版过专著了，转而以《思耕集》的形式进行碎片化写作，已经持续四年。何不利用这段安静的时间，把近五年来的思考系统地付诸笔端呢？

我给自己定了一个14天的计划，从2月1日到14日，每天写1万字。14天是一个医学观察周期，而蝶蛹化蝶刚好也需要两周，这与"蝶变"的主题完美吻合！说干就干，一场历时14天的灵魂蝶变之旅就此启程。

说来也简单，我的写作工具是一部华为手机，写作软件用了石墨文档，一杯茶，几支香烟，大部分时间能享受阳台上的一米阳光。这种写作是艰苦的，手机打字不但累手指、肩膀，关键是费眼睛，每天收摊的时候都感觉两眼昏花、胳膊酸疼外加大脑空空。这种写作也是快乐的，在6.62英寸的屏幕上飞手创作，俨然指挥千军万马。就这样痛并快乐着，就这样周而复始地，就这样的挥斥方遒中，《蝶变：数字商业进化之道》(《蝶变Ⅱ》)跃然屏前。

《蝶变Ⅱ》的主题是数字商业进化之道，分成了两大部分，第一部分是数字商业的大背景，分为数联网（数字经济）、智联网（智能经济）和信联网（区块链经济），旨在帮助数字先锋认清这片海域和水文数据。第二大部分是数字商业进化的四条路径，升维、变道、刷新、深潜。每条路径都通过大型案例呈现了相应的进化历程。

全书没有一幅图，也没有一张表。我总觉得图表的使用，是文字妥协的结果。把图表插在娓娓道来的文字里，就跟在绸缎上打了塑料补丁一样，或者反之，总归是违和的。读这本书，跟听我讲课的感觉一样——有声音，无幻灯片，但信息量很大，容不得走神。希望纯正的文字就可以给你带来美好的阅读体验。

2月14日是这个小计划的最后一天，书稿如期完成。但通过这件事，让我有了一个稍大一点儿的计划：每年选择一个14天的时间闭关，放飞灵魂，倾情写作，为我的朋友们呈现一本《蝶变》。至于写多少年？我不承诺，但希望是余生的所有时间！

2019年夏天，我到以色列犹太人家里亲身体验了一次当地犹太人的安息日。安息日（the Sabbath）是犹太教的主要节日之一，指犹太历每周的第七日，也就是星期六，为安息日。犹太教教徒在每周的周五日落到周六晚上这段时间是不能工作的，只能诵读圣经、咏唱诗歌，当然，更不能使用手机，甚至任何带有按键的东西都不可以接触。这个安排让犹太教教徒每周都会暂停一次，生活和工作在安息日这天全部暂停，只允许灵魂反省。这真是一个神奇的安排！

疫情的暴发，让我们汹涌澎湃的社会流动按下了暂停键，迫使我们每一个人安静下来，反身自省。唯愿疫情过后，能时不时给自己按一下暂停，享受一方独处的净土。毕竟，人首先是活给内心的。

如今，《蝶变Ⅱ》付梓出版，我要感谢阿弥茶（iTea）这个智慧众筹社群给我的灵感支持。过去数年，我从这个社群的数百位企业家那里收获了数不清的商业洞见，他们都是商业智者且乐于分享。我要感谢我科研团队里的每一位老师和同学，无数日夜的学术探讨和理论思辨是保持思维活力的良方。我要感谢那些在各种场合听我讲课的人，我分享给你们的远没有从你们身上学到的多。我要感谢即刻知识和布克加出版的王留全先生，以及他带领的余燕龙、赵贺等出版策划的专业人士，他们为本书的策划出版倾注了大量的心血，即刻团队的敬业精神和专业能力令我印象深刻。特别感谢我的家人和朋友，有了你们的理解和支持，才有了我天马行空般的写作自由。最后，也是最重要的，感谢本书中出现的所有企业和企业家，你们才是中国乃至世界经济大合唱里的主角，因为你们，数字商业实践必将为全人类的商业文明做出更大贡献！

希望读者们继续期待《蝶变Ⅲ》，也希望能够收到您宝贵的批评和建议。欢迎通过邮箱（mailxuecheng@126.com）与我联系。